中公新書 2133

渡辺 靖著

文化と外交

パブリック・ディプロマシーの時代

中央公論新社刊

はしがき
バヌアツ報告——中国の存在感

「世界で最も幸福な国」

バヌアツと聞いて、その場所を地図上に示せる人はどれだけいるだろうか。いや、それどころか、バヌアツが島の名前ではなく、共和国の名称であると即答できる人すら稀かもしれない。

日本からの直行便はなく、最短でもオーストラリアやニュージーランド、ニューカレドニアのいずれかを経由する必要がある。日本人訪問者数は年間わずか七五〇人程度、在留邦人数も八〇人ほどにすぎない。在フィジー大使館が在バヌアツ大使館を管轄している。

日本にとってなじみが薄い彼の国を私が訪れたのは二〇一〇年秋。中国が同国で展開している英語による国際テレビ放送の現状把握が目的だ。

事の発端は、二〇〇四年一一月、同国のサージ・ボオール首相が単独で台湾を訪問し、台湾との外交関係樹立のコミュニケを発表したことにある。ほとんどすべての閣僚が「一つの中国」政策を維持すべきとの姿勢を表明したため、ボオール首相の内閣での立場が孤立し、同年一二月に内閣不信任動議が可決、わずか五ヵ月余りで首相交代となった。しかし、同首相の行動を憂慮した中国は、バヌアツに衛星パラボラアンテナを無償提供し、中国中央テレビ（CCTV）の国際テレビ放送を地上波で二四時間放映し始めた。それまで宗教チャンネルと一日四時間の国営放送しかなかったバヌアツの人々にとって、CCTVから流れてくる中国内外のニュースやドラマ、歌番組は極めて魅力的で、中国への親近感を急速に高めているようだ。

中国派（バヌアツ、ミクロネシア連邦、パプア・ニューギニア、サモア、フィジー、トンガなど）と台湾派（パラオ、ソロモン諸島、マーシャル諸島、キリバス、ツバル、ナウルなど）に分かれる南太平洋の地政学的背景を反映した、実に戦略的なパブリック・ディプロマシー（広報・文化外交）の一例である。

首都ポート・ヴィラにあるバウアフィールド国際空港に降り立つ。何もかも簡素で、入国審査場はまるで日本の田舎の駅の改札のようだ。ドアもワイパーも壊れたボロボロのタクシーでダウンタウンまで二〇分。実は、バヌアツは二〇〇六年にイギリスの新経済財団（NEF）による格付けで、また二〇一〇年には世界最大の旅行ガイドブック専門出版社ロンリープラネットの格付けで、それぞれ「世界で最も幸福な国」の第一位に選ばれている。観光業・土地開発部門が国内総生産（GDP）に占める割合は四〇％に達する。たしかにリゾートやビーチは「南の島の楽園」そのもので美しい。しかし、途中の道には倉庫や工場も多く、中古のディーゼル車が黒煙をまき散らしている。

ポート・ヴィラはバヌアツ最大の港町でもあるが、三〇分もあればダウンタウンは歩き回れてしまう。中心部に位置するバヌアツ政府総合庁舎の正面には大きな青果物市場があり、

バヌアツ　上から国会議事堂，政府総合庁舎，白砂が広がるビーチ

近代的なコンクリート屋根の下、ポート・ヴィラ界隈のみならず、周辺の島々からやってきた農家が収穫物を売買している。聞けば、品物がなくなるまで、そのまま床で数日間寝泊まりするのだという。

タロイモやヤムイモ、ココナッツなどが所狭しと並ぶ光景は壮観だが、そのわずか数ブロック先には、ハイパーモダンな携帯ショップやポストモダンなカフェが軒を連ねている。あまりに非対称的な「南の島の楽園」の現実に頭の整理が追いつかない。

「近代」へのゲートウェイ

バヌアツの国営放送局（VBTC）はそんなダウンタウンの一角にある。国営放送局といっても総人口二三万人の国である。やはり何もかも簡素で、局内の雰囲気は日本の古びた地域密着型の放送局のようだ。

早速、幹部の一人にCCTVの国際テレビ放送の現状について尋ねてみる。

「ほとんどの住民にとっては、現在、地上波で視聴可能な三チャンネル（国営放送、CCTV、オーストラリアのBBC系放送）のうちの一つにすぎません。しかもCCTVが放映されているのはポート・ヴィラとルーガンヴィルの二都市だけです」

バヌアツは南北一二〇〇キロメートルにわたって南太平洋上に浮かぶ大小八三の群島から

なる島嶼国家。国土面積は新潟県とほぼ等しいが、実際に人が住んでいるのは一二島にすぎない。

ポート・ヴィラ（人口四万四〇〇〇人）は佐渡島よりやや大きいエファテ島にあり、ルーガンヴィル（人口一万三〇〇〇人）はエスプリッツ・サント島にある。タンナ島にも空港はあるが都市はない。そのポート・ヴィラやルーガンヴィルにしても、車で三〇分も走れば、電気や水もない村落が広がり始める。バヌアツ全体では、バナナの葉や竹で作った家に住み、自給自足に近い暮らしを営む人々がいまだ人口の七〇%を占めている。

言葉は村ごとに異なり、その数は実に一〇〇を超える。村人相互の意思疎通を図るため、政府はビシュラマ語（ピジン英語）を国語に、英語とフランス語を公用語に定

バヌアツの位置

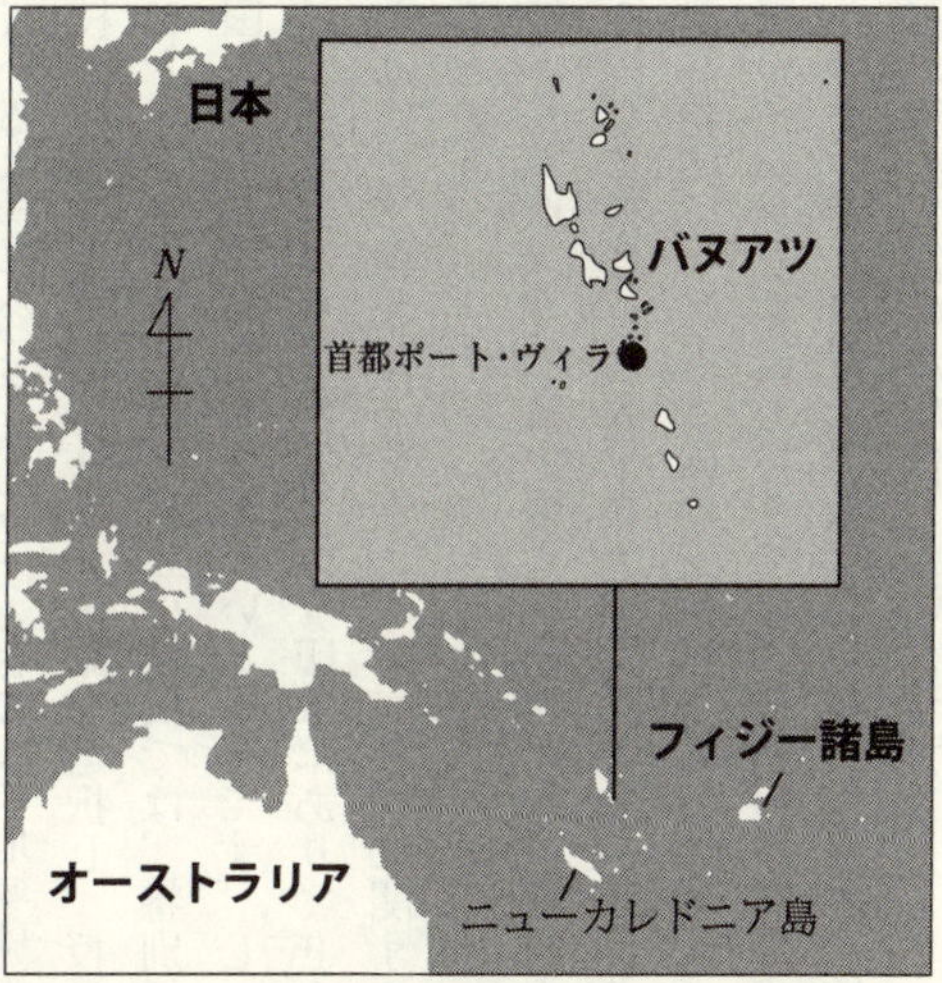

めている（一九八〇年に独立するまでこの地域はイギリスとフランスの共同統治下にあった）。小学校の授業では英語かフランス語を選択し、授業以外の会話はビシュラマ語となる。

「ポート・ヴィラにある私立小学校では、特別授業の一環として、中国政府から派遣された中国人教師が中国語を教えているようです。しかし、それはあくまで例外で、中国語の学習熱がとみに広がっているという印象はありません」

とはいえ、少なくともポート・ヴィラに関する限り、中国の存在感には目を見張るものがあるという。

「ポート・ヴィラには中国人が経営する雑貨店や飲食店が一二〇以上あります。政府総合庁舎や国会議事堂、南太平洋大学（USP）のバヌアツ分校、青果物市場の屋根など、近代的な建造物はいずれも中国の支援によるものです。いま、バヌアツが進めようとしている電子政府のインフラ整備も然りです。最初の二年間は無償ですが、その後は有料化を求めているようです。実に商売上手ですよ。ただ、報道に携わる人間として、私は自分たちの情報が中国側に流出しないか危惧しています」

バヌアツには部族に伝わる古くからの習慣や交換経済の伝統が根強く残っている。ブタの牙や貝殻などを通貨と同じ価値を持つものとして用いている村落さえ珍しくない。そうした社会にあっては、ポート・ヴィラという「都会」で「貨幣経済」を牽引し、テレビ放送やインフラ整備への支援を惜しまない「中国」という存在は、いわば「近代」へのゲートウェイといっても過言ではあるまい。

中国の戦略的意図

話はそこで終わらない。

「二〇一〇年八月には中国海軍の訓練艦と作戦艦が編隊を組んでポート・ヴィラに寄港しました。八〇日間にわたる南太平洋での遠洋訓練の一環です。明らかに南太平洋における勢力拡大を意識したものです。CCTVはサモアやフィジー、トンガ、ミクロネシア連邦でも英語による国際テレビ放送を開始しています」

中国は、例えば、サモアには国立競技場や最新式屋内プール、政府総合庁舎、中央銀行、大蔵省の建造を、フィジーにはマグロ船五〇隻の建造を支援している。他にも、クック諸島に警察本部庁舎を建設するほか、ミクロネシア連邦の大統領、副大統領、国会議長、司法長官の官邸を寄贈している。

「そうした中国の戦略的意図をバヌアツの政治家が十分に理解しているとは思えません。中国は政治家のみならず、ジャーナリストの招聘にも積極的で、私も一度だけですが、北京と上海に招待されたことがあります。私の上司は五回です」

バヌアツには準日刊紙デイリー・ポスト（英語）と週刊紙ジ・インディペンデント（英語・フランス語・ビシュラマ語併記）がある。面会できた前者の幹部も、一度、中国に招待されたことがあるという。

「招待されたといっても、ジャーナリストとしての批判精神や中立性を手放すわけではありません。中国側も決して短期的な見返りを期待しているわけではないでしょう。一度だけ私たちデイリー・ポストの記事に対して中国大使館からクレームがついたことがありますが、それきりです。日本にもジャーナリスト招聘プログラムで行ったことありますよ」

バヌアツには二〇〇六年の時点で六〇〇〇人の中国人が在住しているが、近年は増加の一途にあるという。バヌアツのパスポートが一枚あたり一〇〇万バツ（＝約一〇〇万円）で一〇〇〇枚以上も違法売買されたという報道さえある。

「中国人の増加を好ましく思わない人々がいるのは確かです。しかし、いまのところ、それはごく小さな声にすぎません。排斥運動が生じるような気配はありません。もう青果物市場には行きましたか？　あそこには新鮮な中国野菜がたくさん並んでいます。中国人が経営する店に仕入れてもらおうと、農民たちが喜んで栽培しているのです」（国営放送局の幹部）

「中国からの移民が地元民（メラネシア系が九三％）を差別的に扱っているという声は耳にしますが、他の南太平洋諸国で見られるような反中感情はありません。ただ、バヌアツでは一〇年間バヌアツに住めば国籍を取得できます。国籍を得てから、中国から次々と家族を呼び寄せ、縁故を使ってさまざまな要職に就ける例も目立ち始めています。今後、何らかの摩擦が起きる可能性は否定できません」（準日刊紙の幹部）

中国はポート・ヴィラに大使館を置いており、バヌアツも北京に大使館を設けている（ボオール首相の不信任後、バヌアツは在北京の領事館を大使館に格上げした）。他にバヌアツに大使館を置いているのはフランスのみ。フランスにとってバヌアツはかつての植民地であるし、海外領土であるニューカレドニアとフランス領ポリネシアの中間に位置している。地政学的な重要性が高いことは想像に難くない。

オーストラリアやニュージーランドは、バヌアツ同様、イギリス連邦の加盟国のため高等弁務官を外交使節長としている。日本はバヌアツに大使館や領事館を設けておらず、日本には日本人のバヌアツ名誉領事がいたがすでに亡くなり、バヌアツの政府観光局も閉鎖されている。

日本の存在感

ただし、バヌアツでは日本の国際協力機構（ＪＩＣＡ）の存在はつとに有名で、国営放送局のそばにあるバヌアツ支所の所在地は、地元のタクシー運転手なら誰でも知っているという。

以前、JICAはポート・ヴィラの教員養成校に日本語教師を派遣していたが、バヌアツでは日本語を使う機会も少なく、JICAが行っている日本への専門研修派遣などを除けば、日本に留学することは容易ではないため、いまは行われていない。現在は、青年海外協力隊、シニアボランティア、技術協力専門家など約六〇人のスタッフを中心に、主に教育、保健、経済インフラ・地方開発、環境への援助協力を対象にした事業を展開している。

とはいえ、飛行機の定期便がある島以外は、週に一回程度しかない貨物船や渡り船の運行に合わせて、イリジウム衛星携帯電話を担いで赴いているのが現状だ。バヌアツの離島はいまでもマラリアやデング熱の伝染地域になっている。安全な飲料水の確保も含め、最低限のインフラや医療・衛生環境が整っていないと支援活動そのものも難しい。

目下、リゾート観光開発に傾注しているバヌアツだが、決して快適とはいえない「世界で最も幸福な国」での生活や任務に耐えながら、現地社会の自立支援のために尽力している姿には頭が下がる。

中国の支援と比べるとJICAのそれが華やかさに欠ける印象は拭えない。しかし、養殖技術の普及から沿岸資源管理、環状道路の整備から被災した橋の復旧に至るまで、草の根レベルで静かに培ってきた信頼やネットワークが、日本にとって貴重な外交資産となっていることは間違いなさそうだ。バヌアツはこれまで国際的な場において、日本の立場や国際機関への立候補者を支持している。

もっとも、実利的な観点から言えば、日本にとってバヌアツは「国連における一票」ないし「捕鯨支援の一票」にすぎないかもしれないが、中国にとってはより大きな地政学的な重要性を有する存在だ。

一九八二年に劉華清・中央軍事委員会副主席(当時)が内部決定した海軍海洋計画によると、中国には以下のシナリオがあるという(『朝日新聞』二〇一〇年一二月二七日付)。

①二〇〇〇〜二〇一〇年　沖縄、台湾、フィリピンを結ぶ「第一列島線」内の制海権を確立し、「内海」化

②二〇一〇〜二〇二〇年　小笠原諸島、グアム、インドネシアの「第二列島線」内の制海権確保。空母建造

③二〇二〇〜二〇四〇年　アメリカ海軍による太平洋、インド洋支配の阻止

このシナリオに従えば、現在は、黄海、東シナ海、南シナ海などの「近海」に焦点を絞り、外国軍の影響をできるだけ小さくするよう注力している段階といえるだろう。とくに中国は

チリをはじめとする南米に銅やリチウムなどの戦略物資を依存している。南米への遠大な航路のほぼ中間点に位置するバヌアツ周辺は、中継港や補修拠点としての価値も高い。日本の国内世論の関心は尖閣諸島や南シナ海など「第一列島線」内のみに向きがちだ。しかし、「世界で最も幸福な国」における中国の活動に着目してみると、より巨視的な戦略的枠組みのなかでパブリック・ディプロマシーが展開されていることがわかる。

ちなみに、太平洋諸島全体に目を向けてみると、二〇〇六年四月、中国の温家宝首相はフィジーで開かれた「中国・太平洋島嶼国経済発展協力フォーラム」に出席、中国と国交のある八ヵ国に対して総額三〇億元（≒約四三〇億円、当時）の優遇貸付を約束している。

一方、同年九月、台湾の陳水扁総統はパラオで開かれた「台湾・太平洋友好国サミット」に出席、「民主主義と自由」の価値を訴え、一党独裁の中国との違いを強調した。台湾はパラオに国立博物館、政府総合庁舎、裁判所、国会議事堂などを寄贈している。

日本は一九九七年から三年おきに「日本・太平洋諸島フォーラム首脳会議（太平洋・島サミット）」を開催しており、二〇〇六年五月に沖縄県名護市で開かれた第四回会議では総額四五〇億円、〇九年五月に北海道トマムで開催された第五回会議では総額五〇〇億円規模の支援を島嶼国に約束している。

＊

それにしても、バヌアツの地図を眺めていると、文化人類学徒としては感慨深くならざるを得ない。イギリスの社会人類学者ジョン・レイヤードが、師であるウィリアム・リヴァースに同行して、バヌアツの前身ニュー・ヘブリデス諸島へ遠征したのは一九一四年。調査隊には一八九八年に始まったケンブリッジ大学のトーレス海峡調査隊で団長を務めたアルフレッド・ハッドンや、その教え子だったアルフレッド・ラドクリフ＝ブラウンやブロニスロウ・マリノフスキーといったのちのスター学者も参加している。レイヤードは一人調査隊から離れ、エスプリッツ・サント島とエファテ島の間にあるマレクラ島沖に浮かぶ小島で、一年間、フィールドワーク（参与観察）を行った。トロブリアンド諸島（パプア・ニューギニア）におけるフィールドワークで有名なマリノフスキーとともに、近代人類学における民族誌的手法を確立した功績者の一人である。

タンナ島には世界で最も近づきやすい活火山として知られるヤスール山があるが、文化人類学の世界では「カーゴ・カルト（積荷信仰）」の一つである「ジョン・フラム運動」の発祥地として有名だ。同運動は、第二次世界大戦中、旧日本軍が隣国のガダルカナル島まで南下したのを受けて、アメリカ軍がニュー・ヘブリデス諸島に大量の兵士と物資を投入した頃に始まったとされる。「いつの日かアメリカからジョン・フラムという神（＝自分たちの先祖の精霊）がやってきて、キリスト教やヨーロッパ列強の影響からメラネシア人を救い出し、本来自分たちに授けられていたはずの文明の利器（缶詰、タバコ、トラック、冷蔵庫など）を搭載してきてくれるに違いない」という独特の解釈に基づく宗教運動である。一九五七年には正式の結社が設立され、毎週金曜になると、アメリカ軍を模倣した格好で星条旗や連合軍各国の国旗を掲げ、竹製のライフルを抱えて整列行進を行った。バヌアツでは、今日でも、ジョン・フラムが再来するとされる二月一五日には祭りが開かれている。

さらにいえば、日本でもすっかりおなじみのバンジー・ジャンプは、バヌアツのペンテコスト島における成人の通過儀礼が起源になっている。毎年四〜五月頃のヤムイモの収穫時期に合わせて行われるこの伝統行事は、いまでは、村の貴重な観光資源となっている。文化人類学は、近年、こうした観光における「伝統」の創造や流用、あるいは「南の島の楽園」といった表象と植民地主義や新自由主義との関係などについて考察を積み重ねてきた。

しかし、パブリック・ディプロマシーという視点からバヌアツを見つめ直してみると、そこには増大する中国の存在感とともに、文化と外交をめぐる新たなダイナミズムが展開していることに気づく。

こうした状況をどう捉えるべきか。

それが「世界で最も幸福な国」で私が考え続けた問いであり、本書のテーマである。

目次

文化と外交

パブリック・ディプロマシーの時代

序章 最前線

1　欧米中韓の〝競演〟

中国版CNN

中国のパブリック・ディプロマシーはアメリカでも活発だ。

中国国際放送局（CRI）は、天安門事件による対中イメージの悪化を背景に、一九九三年からワシントンD.C.など十数都市で一日一時間程度の放送枠を買い、英語によるラジオ番組を放送している。

二〇〇九年には経営難に陥っていたテキサス州ガルベストンのラジオ局を買収、アメリカ国内初の中波中継専用局を確保し、二四時間放送できる体制を整えた。ガルベストンそのものはメキシコ湾に面した人口六万人の小さな港町にすぎないが、全米第四の都市ヒューストンまで車でわずか一時間の距離にある。CRIは二〇〇九年に元BBCのベテラン女性司会者スーザン・オスマンを引き抜いたことで話題を呼んだ。オスマンはBBCの年齢差別を批判し、中国では「経験が尊ばれ、年齢を経た人ほど価値があると見なされる」ことを転職の理由に挙げている。

国営新華社通信は、二〇〇八年からわずか二年の間に、アメリカ国内の拠点を四つから七つに増やした。ニューヨークにある総局は、家賃の低い庶民の町クイーンズから、マンハッタン中心部のタイムズスクウェアを見下ろす四四階建てビルの最上階に近く移転する予定だ。二〇一〇年には北京の本社スタジオから二四時間、英語による国際テレビ放送（CNCワールド）を開始、二〇一四年までに約一〇〇ヵ国・地域をカバーするなど、まさに「中国版CNN」を目指している。もちろん、ケーブルテレビや衛星放送のほか、スマートフォンやインターネットでも視聴可能だ。

CNCワールドは、今後、日本語やフランス語、ロシア語などの放送も始めるという。国営新華社通信は約一三〇の海外総支局、六〇〇人余りの特派員を擁しており、中国政府が外国への発信の拠点として北京郊外に整備中の「国家新メディア産業基地」に本社を移す予定でいる。ちなみに日本放送協会（NHK）の海外総支局数は三一、特派員数は七〇人余り。NHKの国際放送（NHKワールド）のテレビは日本語と英語のみで行われている（ラジオは他に一六ヵ国語で放送）。現地のケーブルテレビや衛星放送と契約すれば一二〇ヵ国・地域で視聴可能だ。

その他にも、中国中央テレビ（CCTV）は、傘下の組織が国の委託を受け、二〇〇九年にネットテレビ局CNTVを開設、中国語や英語などで放送を開始している。人民日報は二〇〇九年に傘下の国際問題専門紙・環球時報の英語版を創刊し、アメリカでの発行も検討中だ。週刊誌・中国新聞週刊と英字紙チャイナ・デイリーは二〇〇八年、二〇〇九年にそれぞれアメリカ版を創刊している。

こうした活動の背景には、国際世論づくりにおける欧米の優勢を打破したいという中国政府の思惑がある。同政府によると、全世界で配信されているニュースの約七五％をAP、ロイター、AFP、UPIの四通信社が占めているという。中国脅威論などのマイナス・イメージを打ち消し、国際世論づくりの主導権を握るべく、目下、中国は「対外宣伝」に五〇〇億元（約六二〇〇億円）の予算を投じている。中国ではパブリック・ディプロマシーは「公共外交」と訳されているが、二〇一〇年には専門誌『公共外交季刊』が創刊されている。

とはいえ、こうしたメディアが中国政府の強い統制下にあることはアメリカでは周知の事実であり、さらには中央政府の権力に懐疑的な建国以来の政治風土も手伝い、アメリカでは信頼性や客観性に乏しい「対外宣伝」の一種として、冷やかに受け止められがちだ。

孔子学院

中国文化や中国語の普及のために中国政府が公式の孔子学院を初めてソウルに設立したのは二〇〇四年だが、二〇一〇年の時点で、世界九四ヵ国・地域に三二九の孔子学院（大学向け）、三三七の孔子教室（小中学校ならびに中国国際放送局の視聴者向け）が存在している。

ドイツのゲーテ・インスティトゥート、フランスのアリアンス・フランセーズ、スペインのセルバンテス協会、イギリスのブリティッシュ・カウンシルのように、国家が語学学校を支援する例は珍しくないが、孔子学院ほど短期間に、かつ大規模に展開した例はない。

文化革命の時代には封印していた「孔子」を表看板に掲げてくる変わり身の早さには驚きを禁じ得ないが、プログラム自体は決して押しつけではなく、相手国の提携機関からの申請をもとに、中国側のパートナー機関と共同で練り上げられている。

サンフランシスコ州立大学内の孔子学院

限られた予算のなかで国際化を推進しなければならない多くの教育機関にとって、中国側が初期投資を折半してくれる孔子学院は魅力的であり、中国側にとっても提携機関のインフラを利用することで設備投資を大幅に軽減できるというメリットが存在する。こうしたフランチャイズ方式の利点が急速な拡大を可能にしている。

アメリカでは、二〇〇四年に初の孔子学院

がメリーランド大学に設立されて以来、二〇一〇年までに三七州、六六の教育機関で設立が相次いでいる。ただし、中国政府の「ひも付き」ではないかという疑念も強く、学問の自由が損なわれかねないことへの警戒心から、アイビーリーグ八校をはじめ、参加を見合わせている有力校も少なくない。

親中派づくり

メディアや教育などを通して中国文化を海外に広める動きは、現在、「走出去」（海外進出）のスローガンのもと推進されているが、中国はアメリカの報道関係者、教育関係者、財界人、政治家、議員スタッフなどの中国招聘も強化している。

例えば、議員スタッフの中国招聘について、二〇〇七〜〇八年に台湾の駐米代表を務めた呉釗燮氏は、次のように証言している。

「台湾は毎年、議員スタッフを一〇〜一五団体招いてきた。各団体は一〇〜一五人、招待期間は約一週間だ。一方、中国が招く人数は数倍、期間も二週間と倍だ。先方が望めば、何度でも招待する。そのための資金も我々の四〜五倍はある」（『読売新聞』二〇一〇年八月一七日付）

議員へのロビー活動も活発で、例えば、日本でも報じられたボストン港への中国企業の進出はその顕著な成果といえる。

〔二〇一〇年〕七月中旬、同港には全長約二〇〇メートルの巨大コンテナ船が横付けされていた。クレーンが数百個のコンテナの積み下ろしをしている。

コンテナ船を所有するのは中国遠洋運輸（COSCO）。中国の国有海運会社である。同社は一〇年前、米議会の一部議員から「情報機関のフロント企業」と指弾され、西海岸に持つ埠頭の拡張を阻まれた。

ところが、その後、ボストン港に進出。米東海岸と東アジアを結ぶコンテナ船定期運航を始めた。事業の拡大で米国人の港湾関連労働者約九〇〇〇人の雇用を確保、不況にあえぐ同港の「救世主」となった。地元選出のジョン・ケリー上院議員は昨年、同社を称賛する決議案を上院に出した。

同社への態度を一変させた米議会。その裏には活発なロビー活動があった。

米司法省によると、同社は二〇〇四年から今年前半までに、米国のロビイスト事務所一社に約一五一万ドル（約一億三〇〇〇万円）を支払い、国際海運を監督する連邦海洋委員会に働きかけを依頼。在米中国大使館も昨年までの一〇年間に同じ事務所を含む二社に計三〇八万五〇〇〇ドル（約二億六五〇〇万円）を支払った。

台湾ロビイストのコーエン・ブラウー氏は「中国大使館の議会担当スタッフは〇五年ごろ急増した。五人前後だったのが、一挙に二五人以上になった」と話す。

（『読売新聞』二〇一〇年八月一七日付）

ちなみに在米日本大使館の議会担当スタッフは四人。議会公使（議会班長）ともう一人が外務省プロパーのスタッフで、後の二人はそれぞれ衆議院事務局と参議院事務局からの出向者という構成になっている。

「公共外交」の限界

バヌアツのような小国のみならず、アメリカのような大国でも精力的に「公共外交」に取り組んでいる中国だが、「対外宣伝」そのものに対する警戒心に加えて、中国の外交政策によって、その影響力が相殺されている面も少なくない。

台湾、チベット、ウイグルといった中国の「核心的利益」に関わる対応をはじめ、近年ではレアアース輸出制限や劉暁波氏のノーベル平和賞受賞への圧力などが挙げられよう。ノーベル平和賞に対抗して、二〇一〇年、北京の大学教授らが中国独自の「孔子平和賞」を急遽創設、最初の受賞者に台湾の連戦・元副総統を選んだが、同氏に受賞を拒絶される有り様だった。

もちろん、こうした中国の外交政策は中国共産党の国内政策の延長線上にある。例えば、中国ネットワーク・インフォメーションセンター（CNNIC）によると、二〇一〇年末時点の中国のインターネット利用者は約四億六〇〇〇万人、二〇〇九年末からの一年間で七〇〇〇万人も増加したが、中国の意図的な産業・情報政策の結果、プロバイダーは中国企業によってほぼ独占されている。

また、国外情報を遮断するグレート・ファイアウォール（万里の防護壁と呼ばれる巨大な政府の検閲システム）の構築に巨額の予算が投じられ、利用者のほぼ一〇〇％が制約下にある。ネット監視員も三万人ほどおり、ネット世論誘導のため、政府寄りのメッセージを投稿する「五毛党」と呼ばれる人々が三〇万人雇われているという（『朝日新聞』二〇一〇年一二月一四日付）。

国内統治をめぐる中国のこうした閉鎖的で非民主的な体質は、リベラル・デモクラシーを重んじるアメリカにとっては到底容認し難いものであり、「公共外交」が公に展開されるほど、かえって「親中派」であること、あるいは「親中派づくり」を困難にするという逆説を生じさせかねない。ちなみに、アメリカの国務省は一九九九年から『国別人権報告書』を毎年発表し、中国の状況を批判し続けている（対する中国の国務院も『米国人権記録』を毎年発表し、アメリカの状況を厳しく非難し続けている)。

国家のブランディング——韓国の試み

日本の近隣国としては韓国の取り組みも興味深い。

二〇〇九年、李明博政権は大統領府直属の国家ブランド委員会を設立、「思いやりのある親しみやすい国」を掲げ、国際社会への寄与拡大、先端技術・製品の広報、魅力的な文化・観光産業、多文化の包容・外国人への配慮、グローバル市民意識の五分野を柱とする一〇の推進課題を提示した。

国家ブランド委員会は「アンホルトGfKローパー国家ブランド指数(NBI)」や「フューチャーブランド国家ブランド指数(CBI)」といった国際比較ランキングを積極的に活用している。NBIの開発・実施に深く関わっているサイモン・アンホルトは、イギリス外務省のパブリック・ディプロマシー顧問を務める一方、これまでにチリやボツワナ、韓国、ラトビア、ブータン、フェロー諸島など、四三の国や地域の大統領、君主、首相、政府に対して国家ブランド改善のための戦略的アドバイスを提供している。国家のブランディングに対する世界的な関心の高まりのなかに韓国の動向も位置づけられるということだ。

その韓国の国家ブランド戦略を担っている中心的組織の一つに政府所管の韓国コンテンツ

アンホルト GfK ローパー国家ブランド指数（NBI）　2010年

順位	国名	09年順位
1	アメリカ	1
2	ドイツ	3
3	フランス	2
4	イギリス	4
5	日本	5
6	カナダ	7
7	イタリア	6
8	スイス	8
9	オーストラリア	9
10	スウェーデン	10

出典：http://www.gfk.com/imperia/md/content/presse/pressemeldungen2010/nbi_2010results_press_release_embargoed_10.12.pdf

フューチャーブランド国家ブランド指数（CBI）　2010年

順位	国名	09年順位
1	カナダ	2
2	オーストラリア	4
3	ニュージーランド	3
4	アメリカ	1
5	スイス	11
6	日本	7
7	フランス	5
8	フィンランド	16
9	イギリス	8
10	スウェーデン	21

出典：http://www.futurebrand.com/wp-content/uploads/2010/11/CBI_BBC_2010_execsummary.pdf

2018年冬季五輪招致でスピーチするキム・ヨナ　IOC総会でのフィギュアスケート女王の登場は会場を魅了し，平昌決定を後押しした　2011年7月6日

振興院がある。

韓国コンテンツ振興院は、放送映像分野、ゲーム関連分野、エンターテイメント・コンテンツ分野など、それまで別々に運営されていた振興組織を一つに統合、コンテンツ産業総括の振興専門機関として、政府からの補助金約一八〇〇億ウォン（一三〇億円）をもとに二〇〇九年に設立された。主に産業政策・戦略の策定、産業振興、人材育成などを手がけており、日本でもヒットした韓国の人気ドラマ『宮廷女官チャングムの誓い』を世界四七ヵ国に売り込むなど、着実な成果をあげている。

また、韓国政府は釜山市とともに一六二四億ウォンを投じ、釜山国際映画祭の主会場となる巨大な映像センターを二〇一一年に完成させる。二〇一二年には映画関連の行政機能をソウル市から移し、釜山市を「アジア映像文化中心都市」に指定する予定でいる。一九九六年に始まった釜山国際映画祭は、文化政策に力を入れた金大中大統領の時代に規模が大幅に拡大、二〇〇九年には国際映画祭の評価基準の一つとされるワールドプレミア（世界初上映）の作品数が九八に達し、一九八五年に始まった先輩格の東京国際映画祭（作品数二六）を完全に凌駕した。

光州ビエンナーレや光州デザインビエンナーレが開催される光州市も、アジアを代表する芸術の都として世界的な注目を集めている。光州ビエンナーレの来場者（二〇〇八年）は約二ヵ月間で三五万人。歴史が最も古く、権威もあるイタリアのベネチア・ビエンナーレの来場者（二〇〇九年）が約半年間で三七万人。すでに規模の面でも肩を並べつつある。

また、横浜トリエンナーレとは対照的に、専用の展示施設を構えており、会場探しの心配もない。韓国政府は光州市を「アジア文化中心都市」に指定、光州市とともに総額約五兆三〇〇〇億ウォン（三八七〇億円）を投入し、二〇二三年までに芸術劇場などを造る予定である。

韓国のパブリック・ディプロマシーに詳しい国際政治学者・金基正（延世大学教授）によると、近年の精力的な取り組みの背景には二つの狙いがあるという。

「韓国は朝鮮戦争ですべてを破壊され、戦後四〇年は生存することだけで精一杯でした。その後の二〇年でようやく民主化や高度経済成長を成し遂げました。そこで、これからは政治、経済、文化の面で国際的な存在感を高めていこうというわけです。国家イメージの向上にこだわるのもそれゆえです」（インタビュー、二〇一〇年一二月六日）

もっとも、それは単にグローバル化時代における国家アイデンティティの喚起や誇示を企図したものではないという。

「文化国家としてのイメージ向上は、文化や産業の国際競争力の底上げにもなります。文化産業を次世代の経済成長の原動力にしたいと考えているのです」（同前）

韓国語能力試験の受験者は、一九九九年には四〇〇〇人足らずだったのが、「韓流」ブームの追い風を受け、二〇〇九年には一九万人近くに急伸している。言語の習得は文化の習得であり、将来的なキャリア・パスも含め、その国の理解者やステークホルダーを育むことにつながる。まさに長期的な国益を資するものである。

中国も二〇〇七年の共産党大会で「文化軟実力（文化のソフト・パワー）」を重要国策の一つに掲げて以来、映画や出版、アニメ産業の育成に力を入れており、大連、天津、長沙など約二〇ヵ所にアニメ関連企業を集積した「動漫（アニメ）産業基地」を造っている。

百花繚乱

欧米や日本の状況については後章で詳察するが、アメリカのパブリック・ディプロマシーはバラク・オバマ政権になってからFacebookやMySpaceなどのソーシャル・ネットワーキング・サービス（SNS）をはじめ、YouTubeのような動画投稿サイト、そしてTwitterやBlogといった双方向性に強いメディアなど、いわゆるWeb2・0技術を本格的に活用している。

例えば、日本では、ジョン・ルース駐日アメリカ大使が二〇一〇年秋からツイッターを始めている。同大使の初めての「つぶやき」は「Happy to be joining millions of Japanese friends on Twitter! 数百万の日本のツイッター仲間に入れてハッピー！」というものだった。在京アメリカ大使館のジム・ズムワルト首席公使も日本語と英語の両方でブログをつけている。

もちろん、Web2・0の活用はアメリカのみに限った話ではなく、むしろ多くの国々で日常化しつつある。例えば、北朝鮮で南北問題を主に担当する朝鮮労働党統一戦線部の傘下組織「朝鮮6・15編集社」は、二〇一〇年夏から「わが民族（uriminzok）」というツイッター・アカウントを開設している。北のこの「対南宣伝戦」に対抗すべく、韓国政府は同アカウントへのアクセスを遮断する措置をただちに講じたが、逆に、平壌放送はそれを「過剰反応」として強く非難する論評を流布した（『産経新聞』二〇一〇年九月五日付）。

かつて音楽やテレビさえ禁じたタリバンも、ウェブサイトやツイッターの利用には積極的だ。

二〇一一年にチュニジアやエジプトに広がった中東民主化革命はWeb2・0の力を証明する格好となったが、サイバースペースのなかではパブリック・ディプロマシーとインテリジェンス活動（秘密工作を含む）も容易に共存し得る。

中国政府が欧米メディアの優勢に抗して国際放送を強化している点は先述したが、同様の戦略的意図はカタール・ドーハを拠点に、一九九六年に開設された衛星テレビ局アルジャジーラの英語放送にも共有されている。

ドーハ、クアラルンプール、ロンドン、ワシントンD.C.の四都市から行われている同局の二四時間放送には、イギリスのBBCテレビやアメリカのABCテレビから引き抜いた看板キャスター、イラク戦争当時のアメリカ軍報道官など、三〇ヵ国以上からなる八〇〇人のスタッフが携わっている。報道の自由の堅持を示すことで中東のメディア状況を激変させ、中東民主化革命でも大きな役割を担った。

同じ欧米圏のなかでも、フランスはCNNやBBCといったアングロ・サクソン系メディアの優勢に対抗、「フランス的な価値観を世界に伝える」ことを目的に、フランス語、英語、アラビア語による国際放送「フランス24」を二〇〇六年から開始した。同チャンネルは、ジャック・シラク大統領のイニシアチブのもと、公共放送フランス・テレビジオンと民放TF

1の共同出資で設立されるというユニークな背景を持つ。

二〇〇三年二月の国連安全保障理事会の席上、フランスのドミニク・ドビルパン外相はイラク開戦に反対する演説を行い、会議場内から異例の拍手を浴びた。ところが、英米のテレビでその場面がオンエアされることはほとんどなかった。その事実がシラクを強く突き動かしたという。

また、フランスはブリティッシュ・カウンシルや孔子学院の活動にも対抗、海外におけるフランスの語学・文化拠点を再編し、外務省所管の「フランス学院」として統合する計画を二〇一〇年に打ち出した。

フランスは一九世紀に設立された民間のアリアンス・フランセーズが、現在、一三五ヵ国の九六八ヵ所で語学教育を行っている。政府はアリアンス・フランセーズとも緊密に協力しながら、五年間で一億ユーロ（一一三億円）の新規予算を投入するという。再編後のフランス学院は九四ヵ国の計一四三ヵ所に上る予定だ。

日本では外務省所管の国際交流基金（ジャパンファウンデーション）がフランス学院に相当するが、同基金の海外拠点は、現在、二一ヵ国の二二ヵ所にとどまっている。しかも、事務所や図書室としての機能が中心で、独自のホールなどは持っていない。

例えば、タイの場合、バンコクのアリアンス・フランセーズやゲーテ・インスティトゥー

英独日の国際文化交流機関比較

	イギリス	ドイツ	日本
国／機関	ブリティッシュ・カウンシル	ゲーテ・インスティトゥート	国際交流基金
設立年	1934年	1951年	1972年
設立根拠	王立憲章（1940）	定款，独外務省との基本契約（2004年）	特殊法人国際交流基金法1972年（*）
職員数（内訳）	5669名，国内1094名，在外4575名	2890名，国内637名，在外2253名	374名（2008年度）国内162名，在外212名
拠点数	109ヵ国・地域189都市，8都市にライブラリー	91ヵ国・地域に135海外事務所，11リエゾンオフィス	21ヵ国21都市に22ヵ所（2009年度）
予算（収入実績）	£6億4400万8000〔1239億9504万円〕（2008年度）	¢2億3000万〔366億8500万円〕（2007年度）	171億5000万円（2009年度）

註：ブリティッシュ・カウンシル，ゲーテ・インスティトゥートの数値はいずれも2009年9月時点で確認できる公式ウェブサイトもしくは年報に記載されたもの．換算レートは，各決算年度の実行レート平均値で算出した参考値．£1＝¥192.3，¢1＝¥159.5

*）2003年に独立行政法人化

国家予算に占める文化予算の割合（上）とGDPに占める寄付（下）

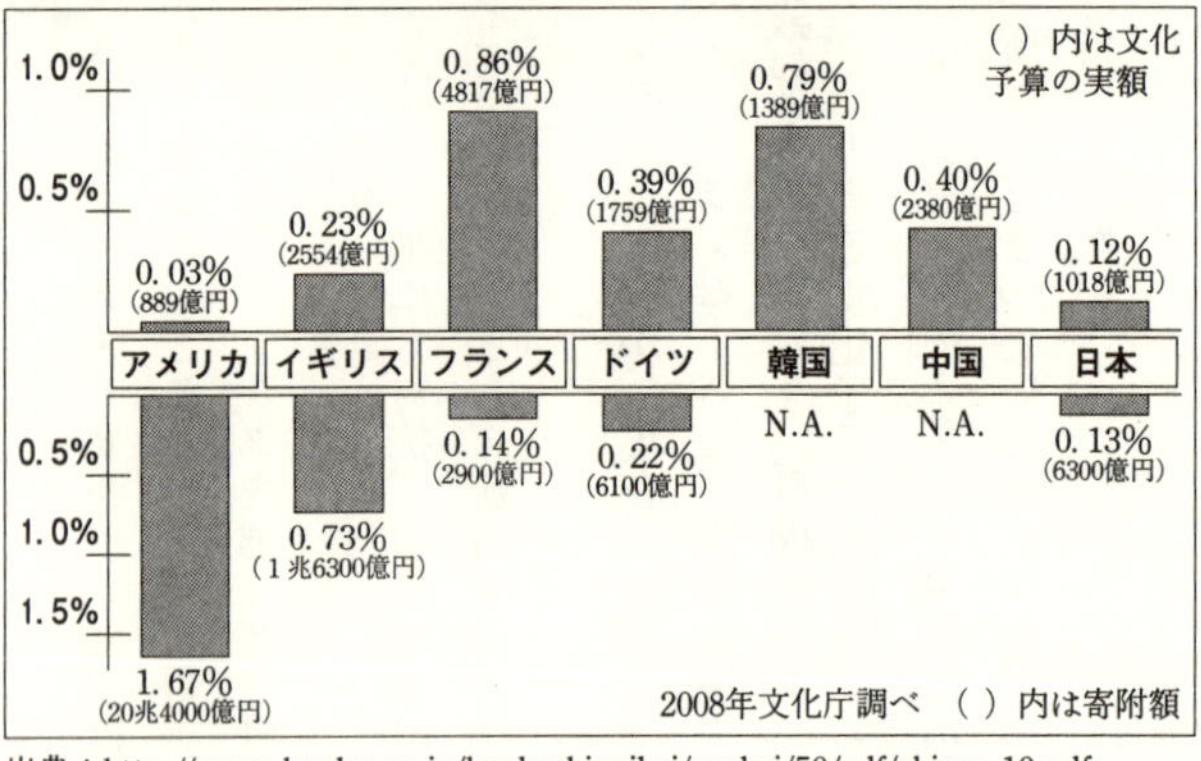

出典：http://www.bunka.go.jp/bunkashingikai/soukai/50/pdf/shiryo_10.pdf

バンコクのブリティッシュ・カウンシル

トには三〇〇人近く収容できる立派なホールがある。中国はブラパー大学の中に御殿のように大きな孔子学院を開設している。ブリティッシュ・カウンシルは独自のホールこそ持たないものの、バンコク中心部のにぎやかな商業施設の中に移転することで存在感を強化している。かつて日本の政府開発援助（ODA）で建設されたタイ文化センターのすぐ隣には韓国文化院が移転し、さらに中国が大きな文化施設を建設中だ。日タイ友好の象徴のような場所が中韓色に塗り替えられつつある。

日本のパブリック・ディプロマシーのスケール、さらには国家予算に占める文化予算の割合は、その経済規模、あるいは他の主要国に比して驚くほど小さい。

2 パブリック・ディプロマシーという課題

戦略としての文化

ごく直近の動向を俯瞰しただけでも、パブリック・ディプロマシーが積極的に展開されている実例には枚挙に暇がないことがわかる。国際比較を通して日本の現況を憂慮し、パブリック・ディプロマシーの一層の強化を唱えることは論じ方としては定石だろうが、それは必ずしも本書の目指すところではない。

これまで挙げた例を通して、パブリック・ディプロマシーの大まかなイメージは掴めたかもしれない。「政府が自国の政策を外国に伝達する際に重要なことは、相手国の国民と意見、関心、文化を交換して理解すること、それを〔中略〕政策決定者に伝えてアドバイスすること、それが政策に反映されること、その結果立案された政策に関して相手国に説明し影響を与えること」――一九六五年に「パブリック・ディプロマシー」という言葉を初めて〝パブリック〟な場で用いたアメリカの元外交官エドムンド・ガリオン（タフツ大学フレッチャー法律外交大学院院長、当時）はこう表現している。

政府や議員が国家を代表して相手国のカウンターパートと行う伝統的外交とは異なり、政府が相手国の国民に対して行うことがパブリック・ディプロマシーの最大の特徴だ。そして、そのための手段として、対外広報や人物交流や文化交流、国際放送、高官の親善訪問や公式声明、万博などの大型国際イベントなどが用いられてきた（近年、政府を介さない国民同士が市民レベルで行う「市民外交」や「民間外交」もパブリック・ディプロマシーに含める傾向が認められるが、この点については後章で詳察したい）。

とはいえ、これまで紹介したパブリック・ディプロマシーの実態を鑑みるとき、ある種の違和感を覚えるのも確かだ。以下、七つの課題を挙げたい。

① まず、パブリック・ディプロマシーが「国際世論づくり」を目指すものだとしても、それは詰まるところ「プロパガンダ」と同質なのではないか。対外発信する理念や理想がその国の実情と乖離していれば尚更である。しかし、その一方、意図的に現状規定や課題（アジェンダ）設定、規範（ルール）形成を行うことはおよそ政治の常であって、パブリック・ディプロマシーに限った話ではないという見方もできる。さらにいえば、人間のコミュニケーションや社会生活には大なり小なりそうした意図性が内在しており、パブリック・ディプロマシーのみを特別視する必要はないとも考えられる。

② 「国家のブランディング」がパブリック・ディプロマシーの一手法だとしても、国家

のアイデンティティを安易にパッケージ化し、他国との差異化を図ろうとする試みは、新自由主義的な時代におけるアイデンティティの商品化・矮小化を意味するのではないか。しかし、その一方、瞬時に思い浮かべるイメージに引きずられながら他国への理解を重ねていくのが国際的なコミュニケーションの現実だという見方もできる。さらにいえば、国際比較ランキングによく用いられている分野――文化芸術の振興、学術の振興、地域の振興、多文化共生、コンテンツ産業の振興・輸出促進、観光振興など――で競い合うことは、例えば、軍備増強を競い合うことに比べればはるかに望ましいとも考えられる。

③ パブリック・ディプロマシーによって担われる情報や文化は「戦略性」が極めて高い。「市民交流」や「異文化交流」から連想される博愛主義的な精神に比して、それらはあまりにも「国益」に絡めとられているのではないか。イギリスのローズ奨学金をモデルにフルブライト奨学金を創設したアメリカのJ・ウィリアム・フルブライト上院議員は、一九六一年、アメリカ連邦議会上院で次のように証言している。

「私はアメリカの教育・文化交流事業が戦いをするための武器や手段であるという考え方を強く否定する。これらの事業がプロパガンダと解釈されることは、たとえその言葉のなかに非常に重要で尊敬に値する活動が含まれていたとしても、それは妥当ではなく、決して許されるべきものではない」

「私は教育交流プログラムが必ずしも人びとの間に親しみを生み出すとは思っていません。しかし、それは本質的な問題ではありません。もしも同じ人間としての感覚――よその国に住んでいるのは、私たちが恐れるようなドグマではなく、同じ人間であるということ――を心で感じとることができれば十分だと思っています。自分たちの国の人間と同じく、喜びや悲しみ、残酷さや優しさを持った同じ人間であるということが」

こうした高尚な精神に比べると、パブリック・ディプロマシーはパワー・ポリティクスの発想からまったく抜け出ておらず、「武器を文化に持ち替えただけ」なのではないか。しかし、その一方、それが仮に古い時代の発想に基づいているとしても、むしろ古い現実がより熾烈になっているのが今日の新しい現実だという見方もできる。さらに言えば、「市民交流」や「異文化交流」から連想される博愛主義的な精神こそナイーブであり、「異文化」や「文化的他者」そのものは、常に政治的・社会的な企図を背景に構築されてきたとも考えられる。

④ パブリック・ディプロマシーを積極的に展開している国は、かつての宗主国、あるいは新興国が目立つのに対し、弱小国はそうした国々からの文化攻勢の前でなす術をほとんど持てずにいる。こうした非対称的な構図はある種の「文化帝国主義」なのではないか。しかし、その一方、そうした構図は古代から存在するものであり、そうした状況のなかで流用、

融合、変容、創造、破棄、忘却されてきたのが文化という見方もできる。さらに言えば、そうした文化攻勢が否定的・悲劇的な結果のみをもたらしてきたか否かは、精査を要する問いとも考えられる。

展　望

⑤　ところで、パブリック・ディプロマシーの要諦が、いわば相手国の国民の「心と精神を勝ち取る（win hearts and minds）」ことにあるとしても、その効果はどこまで自明なのだろうか。

実は他の要因によってもたらされたのではないか。逆効果ももたらしているのではないか。政策としての成果はいかに測定・明示し得るのだろうか。しかし、その一方、パブリック・ディプロマシーを営利事業と同次元で捉え目先の成果や効率を求めることは、そもそもアンフェアだという見方もできる。さらに言えば、例えば、経済政策の効果が果たしてそれほど自明で、厳密に測定・明示し得るのかは疑問とも考えられる。

⑥　アクターや情報が多様化しているネットワーク時代の今日にあっては、政府が情報や文化を制御することはますます困難になっており、もはや「パブリック・ディプロマシー」という発想そのものが時代遅れなのではないか。しかし、その一方、まさにそうした時代で

あるからこそ、さまざまなアクターを束ねてゆくための魅力的な「物語」が必要であり、その「編み手」としての政府の役割は増大しているという見方もできる。さらに言えば、有権者の審判を経ていない非政府組織の活動に比べれば、政府のそれには（少なくとも原則的には）より高い公益性が付託されているとも考えられる。

⑦ ネットワーク時代の今日にあっては、世論の混乱や公益の損失を助長しているようなアクターや、不寛容で強権的な国家が国際社会のなかで存在感を増している印象を受けることも少なくない。フランス文学者・渡辺一夫がかつて問うた問いを借りれば、「寛容は自らを守るために不寛容に対して不寛容になるべきか」。しかし、その一方、不寛容に対して不寛容で応じることは、自らが掲げる「物語」の魅力・信頼性・正当性そのものを大きく損ねるという見方もできる。さらに言えば、むしろ過剰な反応を抑制する自省力こそがその国の名誉や尊厳を高め得るとも考えられる。

文化人類学は「文化」という言葉に敏感に反応する。誰が、誰に対して、いかなる意図をもって、何を、いつ、どのように「文化」と定義し、そして用いるか。あるいは受け止めるか。パブリック・ディプロマシーは政治学や国際関係論に関わるテーマであると同時に、極めて文化人類学的なテーマでもあるというのが私の考えであり、本書の立場である。

私たちはグレーな現実のなかを生きている。善と悪、幸と不幸、成功と失敗などが表裏一体に結びついた、複雑で両義的な世界のなかで日々の価値判断や政策判断を迫られている。パブリック・ディプロマシーについてであれ、他の政策領域についてであれ、そのことはおそらく変わらない。

本書はパブリック・ディプロマシーに関する政策提言を急ぐものでもなければ、単にパブリック・ディプロマシーの拡充を訴えるものでもない。むしろ、パブリック・ディプロマシーの根底にある思想、そしてパブリック・ディプロマシーの実践の先にある「文化」のありかたについて再検討を試みるものである。

以下、第Ⅰ章ではパブリック・ディプロマシーの起源と今日に至るまでの概念的変遷、第Ⅱ章ではその代表的な手法と事例、ならびに注目すべき近年の動向、第Ⅲ章ではパブリック・ディプロマシーをめぐる典型的な懐疑や批判、ならびに誤解や陥穽、第Ⅳ章では日本のパブリック・ディプロマシーの歴史と課題について、それぞれ考察してみたい。

第1章

変遷

1 起源

ギリシャ、ローマの時代

「パブリック・ディプロマシー」という言葉そのものは、一九六五年にアメリカの元外交官エドムンド・ガリオンが専門用語として用いる以前にも存在していた。

確認できる最古の使用例は、一八五六年にイギリスの日刊紙『ザ・タイムズ』がアメリカのフランクリン・ピアース大統領を批判した記事のなかで〝礼節ある外交〟の意味で用いた例が挙げられる（Nicholas Cull, "Public Diplomacy' Before Gullion" http://uscpublicdiplomacy.org/ 二〇〇六年四月一八日付）。

もちろん、「パブリック・ディプロマシー」という表現こそ用いなくとも、それに類する形で実践された例については、一九六五年よりはるか以前に見出すことができる。

そもそも人間社会は交換や儀礼を基本に成立してきたわけであり、それらを通して特定の集団内のみならず、異なる集団との関係も図られてきた。連帯や信頼が醸成されたこともあれば、対立や紛争を誘発したこともある。とりわけ贈与や婚姻は対外関係という観点からも重要な制度だった。

そこまで抽象的に起源を遡らないとしても、例えば、ギリシャのマケドニア王アレクサンドロス三世（アレクサンドロス大王）は、紀元前三三一年にペルシアを征服後、ペルシアのダレイオス三世の娘を娶り、ペルシア人と部下の集団結婚を奨励、ペルシア風礼式や行政制度を取り入れ、現地の有力者を代官に任命した。また、征服した地域の文化様式を演劇や建築、競技などに取り入れる一方、異人種や異民族を要職に登用し、統治の安定を図った。

こうした寛容と同化に基づく施策はローマ帝国によってさらに徹底された。ローマ帝国は、征服した国や地域の神々や言語をすべて認め、奴隷にもローマ市民権（私有財産と個人の権利）獲得への道を開き、有力者については元老院に招くなど、征服された側にとって屈辱を超える恩恵が感じられる施策を講じた。ローマ、アレクサンドリアに次ぐ、三番目に大きな国際都市だったシリアのアンティオキアを紀元前六四年に征服した際には、ローマで二〇年間にわたって教育を受けたシリア人の四人ピウス・アンティオカスに統治を委ねたほどだ。帝政ローマ後期の皇帝には属州出身者も珍しくなかった。

ローマ帝国が寛容と同化を重んじたのは、理想主義的な博愛主義からというよりは、むしろ現実主義的な実利主義に基づくものだった。すなわち、軍事力のみを以て統治すれば、いずれ反乱が起こりかねない。そうするとより多くの兵士が必要となり、それだけ税負担も増す。するとさらに多くの徴税人（役人）を雇う必要が生じ、統治のためのコストが上がってしまう。それよりは、街道や橋、水道などのハード面や、法の支配や教育、医療といったソフト面の恩恵を享受させることで「ローマ人」であることの魅力を見出させていったというわけだ。

中世

オスマン帝国が一四五三年に東ローマ帝国（ビザンツ帝国）の都コンスタンチノープル（現イスタンブール）を征服したときも、征服された人びとにイスラム教への改宗を強要せず、寛容の精神を以て対応した。

ローマ帝国同様、オスマン帝国でもキリスト教徒、イスラム教徒、ユダヤ教徒は平和裡に共存しており、中央集権国家スペインが宗教裁判によってユダヤ教徒を国外へ追放した際、オスマン帝国は彼らを招き入れ、保護した。多様性のマネージメントという点では「国民国家」よりも「古典的帝国（前近代的帝国）」のほうが一枚上手だったといえるが、文化的な開放性が異教徒や異民族の「心と精神を勝ち取る」ことを可能にした。

大王や皇帝だけではない。例えば、イタリアのイエズス会宣教師マテオ・リッチは明朝中国への布教にあたり、あえて儒官の服を纏い、高位の人に会うために絹の服を作り、イエズス会の許可を得て髭と髪を伸ばすなど、中国の文化を尊重し、自ら進んで順応した。また、ヨーロッパの自然科学の知識を生かした世界地図や地球儀、日時計や砂時計、時にはリッチ自ら著した西洋思想の紹介書を献呈することで意思疎通や信頼構築を図った。原案を描いた世界地図「坤輿万国全図」(一六〇二年刊)では太平洋を中心に配置するなど、中国側への心配りも巧みだった。

こうした配慮に加えて、彼自身の学識の広さ——数学や天文学など自然科学の知識から記憶術、西洋思想まで——も中国の知識階層に好印象を与え、一六〇一年、高級官吏の紹介を受けて万暦帝の宮廷に入ることに成功、キリスト教の布教を正式に許可された。初めてマカオに足を踏み入れてから中国在住も二〇年になろうかという頃だった。リッチが利瑪竇という中国名を名乗ったことは有名だが、利瑪竇は中国イエズス会の土台のみならず、中国とヨーロッパの架け橋として大きく貢献した(Jonathan P. Spence, *The Memory Palace of Matteo Ricci*, 一九八四年)。

マテオ・リッチ(1552〜1610)

文化大国フランス、民間主導のアメリカ

そのヨーロッパでは一七世紀の中頃までにフランスが文化大国としての地位を築いていた。ブルボン朝最盛期の王で「太陽王」と呼ばれたルイ一四世は、ヴェルサイユ宮殿を造営し、ジャン・ラシーヌやモリエールといった芸術家のパトロンとなる一方、フランスの書物やパンフレット、新聞などを海外に積極的に流布し、一六六六年には王立絵画・彫刻アカデミーの分館フランス・アカデミーをローマに設立した。一六八八年には、彼の実質的な宰相だった枢機卿ジュール・マザランの遺志を受け、ウェストファリア条約やピレネー条約によってフランスに併合したピエモンテ、アルザス、アルトワ、ルシヨンなどからのエリート学生六〇名を受け入れた学校コレージュ・ド・キャトル・ナシオンを開校している。

それから一世紀後、ルイ一六世の時代に活躍したのがアメリカのベンジャミン・フランクリンだった。発明家、起業家、そしてアメリカ建国の父の一人として名高いフランクリンは、アメリカ独立戦争中の一七七六年、フランスの協力・参戦を求めて、外交代表として渡仏する。パリの社交界を巧みに渡り歩きながら、彼は、生来、人間が有しているはずの自然権がイギリス政府によって侵害されていること、それゆえに社会契約に基づきイギリスへの服従義務を解除し、独自の政府を樹立する権利があることを説いて回った。その素朴ながらも上品な立ち振る舞いはフランスのサロンや宮廷を魅了し、独立戦争に対するフランス要人の認

コレージュ・ド・キャトル・ナシオン　設立時

識を〝内乱〟から〝国際戦争〟へと移し替えることに成功する。やがて、ルイ一六世の支持のもと、フランスは一七七八年に米仏同盟を締結し、対英宣戦布告を行うに至る（Bernard Bailyn, *The Ideological Origins of the American Revolution*, 一九六七年）。

フランクリンも起草に関わったアメリカ独立宣言（一七七六年）がアメリカ最初の対外宣伝文であるならば、アメリカ独立戦争はフランスの「心と精神を勝ち取る」戦いでもあった（Oren Stephens, *Facts to a Candid World*, 一九五五年ならびに Wilson Dizard, *The Strategy of Truth*, 一九六一年）。

そのフランスでは、普仏戦争における敗戦後、凋落した自国の威信を回復すべく、一八八三年に民間有志による語学普及機関アリアンス・フランセーズが設立され、さらに二〇世紀に入ると外務省自らフランス学院やフランス文化センターの設立に乗り出し、フランスの言語と文化の海外普及を本格化させた。

一方、独立後のアメリカは地方分権的な性格が強く、中央集権的な連邦政府の活動には懐疑的だった。とりわけ、中央政府による情報や文化の管理には拒否感が強く、ヨーロッパの中央集権国家に見られるような文化省や対外文化機関の設立には消極的だった。

その代わりアメリカの場合、とくに注目されるのは、慈善家や慈善団体によって担われた国際主義的な教育・文化活動の積極さである。一九一〇年には鉄鋼王アンドリュー・カーネギーが国際相互理解と世界平和の推進を目的とした国際平和カーネギー基金を、その三年後には石油王ジョン・ロックフェラーが社会の公益・福祉の増進を目的としたロックフェラー財団をそれぞれ設立している。例えばロックフェラー財団は一九一七年に北京協和医院を設立するなど、一〇〇年近く前から中国の医療や文化への支援事業を展開している。また、アメリカ中西部を中心にロータリー（一九〇五年）、キワニス（一九一五年）、ライオンズ（一九一七年）といった奉仕クラブの設立が相次ぎ、瞬く間に国際的なネットワークを拡大していった。今日、これら三つのクラブを合わせると、世界二〇〇ヵ国以上、九万ほどの支部に、三〇〇万人以上の会員が存在する計算になる。

古典外交、旧外交の時代

このように「古典外交」から「旧外交」の時代をごく大雑把に俯瞰しただけでも、「心と精神を勝ち取る」という、今日の「パブリック・ディプロマシー」に通ずる営為が古くから存在していたことがわかる。

「古典的帝国」において、それは領土内の異民族や異教徒の統治を円滑に進めるための寛容的な同化政策の礎石を成したが、壮大な図書館や宮殿などの建立を以て文化的な威容を示すことも、そのための常套手段だった。例えばエジプトのアレクサンドリアにおけるアレクサンドロス大王の後継将軍、プトレマイオス一世はファラオを名乗り、世界中の書物を収集する目的でアレクサンドリア図書館を建設した。それは古代最大にして最高の図書館であり、最古の学術の殿堂として文化的威容を放った。

「国民国家」が統治の主体となった一七世紀半ば以降のヨーロッパにおいても、対外関係を有利に展開すべく、富や権力を文化的に誇示することで他国の「心と精神を勝ち取る」手法そのものは継承された。また、一部の外交官、宣教師、芸術家、教育者、慈善家などの個人的な資質と才気が、時に他国のエリートに大きな影響をもたらした点も同じだった。

やがて「国民国家」が領土的野心を拡大し、いわゆる「植民地帝国(近代的帝国)」になるにつれ、国家プロジェクトとして〝組織的〟に自国の「国民言語」や「国民文化」を他国に投影しようという意志が強く働くようになっていった。

ただし、とはいえ、二〇世紀に入るまで、総じて「外交」は宮廷や貴族階級が一般の人びとの与り知らぬところで秘密裏に行う交渉、あるいは政府間の公式な関係と考えられており、相手国のカウンターパートの頭越し、または横から、その国ないし地域の人びとに直接働きかけることは、必要とも、望ましいとも見なされていなかった（Daniel Headrick, *The Invisible Weapon*, 一九九一年）。ここがガリオンの唱えた今日的な「パブリック・ディプロマシー」とは決定的に異なる点である。

2 「新外交」の時代

第一次世界大戦

それが大きく様変わりする契機となったのが第一次世界大戦だった。

例えば、イギリスは、一九一四年に戦争が勃発するや、中立国アメリカの〝世論〟に影響を与えることで、ウッドロウ・ウィルソン政権を連合国側の大義に同調させようとした。当時、国際通信ネットワークを牛耳っていたイギリスのマルコーニ無線電信会社が、ドイツ・アメリカ間のケーブルを停止したことは、その顕著な例である。また、アメリカの政界、財界、教育界、メディア界の有力者やオピニオン・リーダーに対するロビー活動にも積極的だった。

かたやドイツは、かつてウィルソンの伝記を著し、その選挙戦にも協力したアメリカ人ジャーナリストのウィリアム・ヘイルを雇い、ニューヨークやワシントンD.C.でパーティや講演会、記者会見などを開催、イギリスのドイツ封鎖などを批判した。しかし、通信ネットワークを押さえられた以上、ドイツの対抗言説にはおのずと限界があった（Bertrand Russell, "These Eventful Years," *Encyclopedia Britannica*, 一九二四年）。

アメリカは、戦争が始まってから三年間は中立の立場を守り続け、ウィルソンは再選の公約として参戦しないことを明言していた。しかし、ルシタニア号事件やドイツの無差別潜水艦作戦再開、ツィンメルマン電報事件などを受け、ドイツ非難の世論が高まった。フランスやイギリスが敗北した場合、アメリカによる両国への貸付金が回収できなくなるおそれもあった。そのため、ウィルソンは、再選からわずか二ヵ月後の一九一七年四月、議会で連合国への協力を表明し、対独宣戦布告を行う。

広報委員会（CPI）

そのわずか一週間後には、アメリカ最初の宣伝機関である広報委員会（Committee on Public Information, CPI）を設立した。委員長にはジャーナリストであり、ウィルソンの側近でもあったジョージ・クリールが就任したことから、CPIは「クリール委員会」とも称される。委員には、世論研究の先駆者ウォルター・リップマンや近代的広報活動の父エドワード・バーネイズなど、大衆説得や世論操作の代表的な専門家が加わった。

アメリカの理想と戦争の大義を説く三〇種類の小冊子が、国内で約七二〇〇万部配布されたほか、海外にも数百万部が送付された。また、CPIは、七万五〇〇〇人のボランティア弁士を組織した。彼らは、演説の長さが平均四分間であったことから「フォー・ミニット・マン」と呼ばれ、国内外で累計一〇〇万件以上の演説をこなした。その反ドイツ・愛国的な演説に耳を傾けた人の数は四億人に達した。ザウアークラウト（ドイツ風のキャベツの漬物）が「自由のキャベツ（*liberty cabbage*）」や「勝利のキャベツ（*victory cabbage*）」などと呼ばれたのもこの頃である。

映画産業の新たな拠点となりつつあったハリウッドも宣伝活動に積極的に協力し、『小米国人（*The Little American*）』、『内なるドイツ野郎（*The Hun Within*）』、『皇帝（*The Kaiser*）』、『ドイツ野郎の爪（*The Claws of the Hun*）』など、反ドイツ色の強い映画が多く制作された（George Creel, *How We Advertised America*, 一九二〇年）。

当時、アメリカは主要国のなかで、イギリスのロイター、フランスのアヴァスに相当するような、独自の通信社を有していない唯一の国であった。そこでCPIは、海外における歪曲したアメリカ像を修正すべく、外国メディア局、無線・有線サービス局、外国映画サービス局からなる対外部門を設立した。同部門は、三〇ヵ国以上にオフィスを置き、読書室を設け、理想主義に満ちたウィルソンの格調高い演説を配信した。中南米担当の責任者をしていたバーネイズは、アメリカの大企業にかけあって、中南米諸国に支店や販売店を出してもらい、CPIの小冊子などを顧客に配り、ショーウィンドーにポスターや写真を貼り出した(Fitzhugh Green, *American Propaganda Abroad*, 一九八八年)。

こうした戦時宣伝の成果について、『アメリカの海外プロパガンダ（*American Propaganda Abroad*）』の著者フィッツヒュー・グリーンはこう述べている。「CPIがアメリカ人に与えた影響を疑わしく思う人は、教養あるアメリカ人に、第一次世界大戦でアメリカがドイツと戦った理由を尋ねてみるがよい。そんな疑念はすぐに払拭されるはずだ。『すべての戦争を終わらせるための戦争でした』『民主主義のために世界を救うためでした』『戦争を始めたドイツ皇帝を倒すためでした……』といった答えを耳にするはずだ。クリールはまさに

「フォー・ミニット・マン」の来訪を伝えるポスター

アメリカ人を洗脳したのだ」(同上、一一二頁)。

存在感を増す「世論」

しかし、そのCPIも、終戦直後の一九一九年には解散される。

クリールは、CPIの情報活動を説明する際、「プロパガンダ(Propaganda)」ではなく「広報(Public Information)」という言葉を用いていた。というのも、一七世紀にローマ教皇グレゴリウス一五世がカトリックの布教聖省を設立して以来、プロテスタントの国々では「プロパガンダ」という言葉に否定的な意味が込められていたからである。加えて、そこには、ドイツによる情報活動が虚偽と腐敗に結びついた「プロパガンダ」であるのに対し、CPIのそれは、事実に基づく、公明正大かつ教育的なものであることを印象づける狙いもあった。

第一次世界大戦は最初の総力戦であり、軍事力のみならず、自国や相手国の大衆心理を揺さぶる手段としての「プロパガンダ」が戦争行為に欠かせなくなったことを知らしめた戦いだった。しかし、大衆的熱狂を煽動する宣伝機関としてのCPIが存在感を強めるにつれ、議会や国民は疑いの目を向けるようになった。ハイラム・ジョンソン上院議員は「戦争が起った時、最初の犠牲者となるのは真実なのです」と喝破した。結局、CPIの活動そのものはわずか二年間の短いものだった。

とはいえ、一九世紀後半から徐々に外交に影響力を及ぼし始めていた「世論」が、第一次世界大戦によって、一気にその存在感を増したことは特筆に値する。それまでの「旧外交」を支えていた外交の秘密性や排他性は大きく揺らぎ、一般市民により開かれ、かつ彼らの同意を要する新たな外交体系、すなわち「新外交」が時代の潮流となっていった。

変質する外交

この転換を後押ししたのはアメリカであり、そして一九一七年のボルシェヴィキ革命によって誕生したソヴィエトだった。

ソヴィエト新政府はロマノフ王朝時代の旧外交を否定し、「平和に関する布告」のなかで秘密外交の廃止を鮮明に打ち出した。一九一八年にウィルソンは「一四か条の平和原則」（民族の自決、植民地住民の擁護、世界平和維持のための国際組織創設など）を議会で唱えたが、その背景にはソヴィエトの掲げる諸理念に対抗すべく、より高い倫理や正義をアメリカ国民、そして世界に向けて示す必要性があった。

こうした開かれた外交（公開外交）や外交の民主化（民主的外交）について、イギリスの外交史家ハロルド・ニコルソンが『外交（*Diplomacy*）』（一九三九年）のなかで危惧の念を表し、より古くはフランスの政治思想家アレクシ・ド・トクヴィルが『アメリカのデモクラシー(*Democracy in America*)』(一八三五年)のなかで警鐘を鳴らしたことは有名だ。

民主主義の政府が他の政府に比べて決定的に劣ると思われる点は、社会の対外的利害の処理である。民主政治にあっても、経験を積み、習俗が落ち着き、そして教育が広まれば、ほとんどどんな場合にも、良識と呼ばれる日常の実際的知識、生活上の小さな出来事を処理するあの知恵はいずれ形成されるものである。社会の平常の営みには良識で十分である。そして教育が行き渡った国民においては、民主的自由の内政への導入が産む利益は民主主義の政府の誤りがもたらすかもしれない害悪より大きい。だが国家間の関係はつねにそれでは済まない。外交政策には民主政治に固有の資質はほとんど何一つ必要ではなく、逆にそれに欠けている資質はほとんどすべて育てることを要求される。

(トクヴィル『アメリカのデモクラシー』第一巻〈下〉、松本礼二訳、二〇〇五年、一〇七~一〇八頁)

ここにはトクヴィルのエリート主義的な外交観がよく表れている。つまり、外交というのは「長期にわたって練られた計画」によって行われるべきものであり、「一時の情熱の満足を求める傾向」がある民主主義の延長線上に想起されるべきではないという考えである。

しかし、こうした危惧が外交エリートの間で存在する一方、一九二〇年代には、共産主義のソ連がラジオ、印刷物、教育・文化交流プログラム、あるいは各国の共産党系組織を通して、外国の市民への直接的な働きかけを繰り広げていた。一九三〇年代に入ると、「大衆操作の天才」ヨーゼフ・ゲッベルス率いるナチス・ドイツの宣伝省や、ファッショ政権下のイタリアによる宣伝活動が激しさを増した。

こうした動きに対抗すべく、イギリスは、一九二二年にイギリス放送協会（BBC）、一九三四年にブリティッシュ・カウンシルを設立した。イギリスのアンソニー・イーデン外相は、一九三七年、次のような認識を示している。

> 文化をうまく宣伝しても、外交政策の失敗による打撃を回復できないという見方は、もちろんまったく正しい。だが、最高の外交政策でも、その解釈を示し、人びとを説得する任務〔中略〕を無視していれば、失敗に終わるといっても言い過ぎではない。
>
> （Reinhold Wagnleitner, *Coca-Colonization and the Cold War*, 一九九四年、五〇頁）

第二次世界大戦下のアメリカ

海外におけるアメリカの広報活動は、第一次世界大戦後、ほぼ皆無の状態にあった。しかし、フランクリン・ルーズベルト大統領は、中南米におけるドイツやイタリアの挑発的な宣伝活動を憂慮し、一九四二年から"The Voice of America"（アメリカの声、ＶＯＡ）の名のもと、海外短波放送を開始した。

ＶＯＡはアメリカ国内のストライキや人種問題なども隠すことなく報じた。これは自国の暗部をあえてオープンにすることこそ、その国が自由な社会であることの最良の証しになるというＢＢＣの方針に準じたものである。

しかし、ルーズベルトは、戦線が激化すると、それまで存在したすべての戦時情報活動機関を大統領直轄の戦時情報局（ＯＷＩ）に統合する一方、イギリスの諜報機関の協力を得た軍の統合参謀本部には戦略諜報局（ＯＳＳ）の設立を許可した。どちらも国内向けに戦況報道を行いながら、海外向けの宣伝活動に関わったが、ＯＷＩが出所の明確な、事実に基づく公然情報を扱う「ホワイト・プロパガンダ」を担ったのに対し、ＯＳＳは諜報や偽装情報など非公然情報を扱う「ブラック・プロパガンダ」を担った。

ＯＷＩはのちの米国広報・文化交流庁（ＵＳＩＡ、一九五三年）、ＯＳＳはアメリカ中央情報局（ＣＩＡ、一九四七年）の母体である。ＯＳＳはドイツには連合国軍の上陸場所を偽っ

アメリカ軍が投下したビラ

VOA の初期の放送　1947年

て報道し、日本には戦意喪失や内部分裂を狙った情報を流布するなど、ブラック・プロパガンダを繰り広げた。

このように二つの大戦が露呈したのは「公開外交」や「民主的外交」といった「新外交」が掲げた理念の限界でもあった。当時の外交判断や外交政策の密室性を、より公開性や民主性が重んじられている今日的基準から批判することは容易い。しかし、時代的文脈をわきまえない批判は、それ自体、非歴史的な密室性のなかに幽閉された議論にしかすぎない。「パブリック・ディプロマシー」という観点から注目すべきは、「心と精神を勝ち取る」という営為が、二つの大戦という特殊な状況下において、軽視されるどころか、むしろ積極的に活用されたという点である。

3 占領政策――アメリカによる日本統治

「心と精神を勝ち取る」

その傾向は熱戦が冷戦になっても変わらず、むしろ直接的な軍事衝突が忌避された時代ゆえに、一層助長されたといってよい。

まず、占領政策として「心と精神を勝ち取る」ことが重視された。この点は一九世紀の後半以降、領土拡張や植民地経営のために「植民地帝国（近代的帝国）」が採った施策とさほど変わりはない。

例えば、一九三〇年代、大日本帝国が満州を「新天地」と位置づけ、「アジアの覚醒」を謳いながら、大学、新聞社、映画スタジオ、記念碑などを設立したことはあまりに有名だ。歴史学者・入江昭（ハーバード大学名誉教授）が指摘するように、日本、ドイツ、イタリアという、当時、自己至上主義的な言辞を強く打ち出していた帝国が「枢軸国」として連帯し、文化協力を図ったことは、政治的にはともかく、理屈の上ではかなり屈折した出来事だったといってよい（*Akira Iriye, China and Japan in the Global Setting,* 一九九二年）。

こうした「植民地帝国」の従属地では、「古典的帝国」のそれと比べても、現地人の待遇などが著しく不平等で、しばしば反乱の原因となっていた。民族の自決や植民地住民の擁護を掲げたウィルソンの「一四か条の平和原則」に象徴される「新外交」の時代にあっては、より強制性のない形で占領地域の人びとの「心と精神を勝ち取る」ことが至上命題となった。

民間情報教育局（CIE）

その最も顕著な成功例はアメリカの対日占領政策だろう。

一九四五〜五二年、連合国軍最高司令官総司令部（GHQ／SCAP）が日本を軍事占領し、非軍事化と民主化が推し進められたが、精神風土、教育、宗教など文化面を担ったのが民間情報教育局（Civil Information and Educational Section, CIE）だった。

CIEの本部は東京・内幸町のラジオ東京ビル（東京放送会館）に置かれていた。いくつかの課に分かれていたが、その一つに情報課があり、政策・企画、新聞・出版、放送、映画・演劇、CIE図書館（インフォメーション・センター）などのセクションから成っていた。

例えば、CIE図書館の場合、人口二〇万人以上の都市を中心に、一九五〇年までに全国二三ヵ所に設立された。最初のCIE図書館が内幸町に開設されたのは一九四五年一一月。終戦からわずか三ヵ月目という異例の早さだった。CIE図書館は、単に図書館機能のみならず、映画上映会、展示会、講演会、シンポジウム、レコード・コンサート、ダンス、英会話教室など、さまざまな文化活動の拠点となっていた。長崎CIE図書館に勤めた川上繁治は、当時を次のように述懐している。

私が、CIE図書館をはじめて知ったのは、一九四八年の夏休み明け、高校三年生の時でした。大波止から東山手の学校に通う道、羽衣町の税関ビルに開設された直後のことです。かねがね、瀟洒な税関ビルの中を見たいと思っていたので、友人と二人で、恐る

1950年代のCIE図書館

恐る中に入りました。ここは〝アメリカ!?〟と思うほど、館内は整然とし、書架には新しい本や雑誌類が一杯でした。夏は扇風機、冬には電気ストーブまで完備し、夜は一〇時まで開館していたと思います。原子爆弾の洗礼を受けた長崎には、瓦礫のほか何も無かった時代に、唯一文化の香りに満ちた市民のオアシスでした。

（川上繁治「長崎CIE図書館」『CIE図書館を回顧して』、回顧録編集委員会編集、二〇〇三年、一四頁）

仙台CIE図書館の初代アメリカ人館長は、アメリカ帰国後にこう回想している。

日本人は英語を話すことや聞くことは不得手

だが、読むには事欠かない。ポケット英和辞典を取出しみんな盛んに読んでいる。〔中略〕四時間も汽車に乗り、英字新聞を読むためにわざわざ一週間に三回も来る七二歳の医者の未亡人もあれば科学者や医者、家庭婦人もあり、家庭婦人は台所改善や流行服の絵を見てほほえんでいるのをしばしば見受けた。日本人は図書を大切にする国民で〔中略〕急に出張を命ぜられたある土木業の勤め人は、借りた雑誌を期限に返せないとわざわざ出張先から期限の遅れることを英文電報で知らせてよこしたが、その雑誌は大切に幾重にも包装され書留で送り返されて来た。〔中略〕私は一年間どんな仕事を頼んでもいやな顔をせず、信頼のおける日本人の職員と共に、日本人のために働いた経験を通して感じたことは、あの軍国主義に代わり日本人は平和を愛し、私たちのすすめる民主々義を喜んで受け入れているということであった。

（中川正人「仙台ＣＩＥ図書館と仙台アメリカ文化センター」『市史せんだい』Vol.13、仙台市、二〇〇三年八月号、三三頁）

なぜ円滑に進んだのか

多くの日本人にとって、占領そのものは、心理的な葛藤や屈折、喪失感、劣等感を伴う経験であった。それにもかかわらず、アメリカの占領政策が総じて円滑に進んだ理由について、太平洋戦争に陸軍パイロットとして従軍した経験を持つアメリカ史家・猿谷要は、次のように述べている。

農地の解放、財閥の解体、女性の参政権、平和憲法の制定、どれも日本人だけではそのとき実現することは不可能だったろう。進駐軍として日本に入ってきたアメリカ人のなかには、本国でも実現していないような理想案を、この日本でやってみようと志したリベラルな人物がいたようだ。〔中略〕このような大変化がなければ、日本人はあれほどアメリカが好きになっただろうか。〔中略〕日本人のこの大変化は、もともとアメリカの大衆文化が好きだったことと無関係ではないだろう。〔中略〕戦争のため「鬼畜米英」として抑圧されていたものの、実は目に見えない地下水となって生き続けていたのだ。だからこそ戦争が終わって禁が解かれると、その地下水はたちまち地上に噴き出し、あっという間に日本を蔽ってしまったのだろう。

（猿谷要『アメリカよ、美しく年をとれ』二〇〇六年、二二一～二二三頁）

日本政治外交史家・五百籏頭真（防衛大学校長）は、アメリカの占領政策が総じて平和的かつ友好的に進められたことを、こう表している。

敗れた敵に寛大に手を差し伸べることは、人間性の面でも、政治的英知の点からも、賞賛さるべき事績である。日本占領は、マーシャル・プランとともに、アメリカの充実期における最良の事績の一つとみなされ続けるであろう。

（五百旗頭真「占領――日米が再び出会った場」『日米の昭和』〈山崎正和・高坂正堯監修、アステイオン編集部編集〉一九九〇年三月、八二頁）

4 米ソ冷戦下の思想戦

求められた理念

そのアメリカは、ソ連を盟主とする東側陣営との「思想戦」を制するべく、「自由」や「民主主義」というスローガンをアメリカの象徴として世界に投影・流布し続けた。「プロパガンダ」とは、あくまで「邪悪な帝国」であるソ連が講じる手段でなくてはならなかった。言い換えれば、アメリカの「パブリック・ディプロマシー」の要諦は、自らを「プロパガンダ」とラベリングされることなく、東側陣営の魅力と正当性と信頼性を削ぐことにあった。

その意味で、この時期のパブリック・ディプロマシーには、冷戦の現実をわきまえる一方、それを超越する理念が求められた。

例えば、アメリカは一九五六年から「市民と市民のプログラム（People-to-People Program）」を積極的に展開したが、そこには「アメリカ市民が他国の市民と相互に交わるようになれば、それは国際理解へと結びつき、いつの日か世界に平和をもたらすであろう」という、ドワイト・アイゼンハワー大統領の理想主義があった。と同時に、東側陣営の切り崩しを無理に画策するよりも、国際世論からの尊敬と信頼を勝ち取りながら、西側陣営の関係を強化したほうが得策という現実主義も働いていた。

そのアイゼンハワーは、一九五六年、ソ連のニキータ・フルシチョフ共産党第一書記に親書を認め、次世代を担う若者を「偏見と誤解の犠牲者」に貶めてしまわぬよう、ソ連から数千人の学生をアメリカに無条件かつ全額負担で一年間招聘する用意があると提案した。市民同士が直に接する機会が圧倒的に欠如していることが、相互の偏見や誤解を助長し、冷戦の対立を根深くしてしまっているというのがアイゼンハワーの考えだった。

しかし、その親書がフルシチョフに届けられることはなかった。強い反共主義者として知られるジョン・ダレス国務長官が異を唱えたためだ。ダレスにとって、アイゼンハワーの提案は天真爛漫かつ弱腰以外の何ものでもなく、同盟諸国の士気を下げ、西側陣営の対ソ結束を緩慢にしかねないものに映った。「学生の交流は、単に理解を輸入するだけではなく、ソ連政府の転覆のために行われるべきである」とダレスは強固に主張した。もちろん、学生を装ったソ連のスパイによる情報機密の漏洩も懸念材料の一つだった。

国際世論への意識

ところが、「雪解け」ムードが広まるにつれ、アメリカ政府が郵便物の検閲、入国審査での指紋採取、東側陣営からの入国制限といった措置を緩和しないことに対し、「アメリカこそ鉄のカーテンを引いている」「自由世界の盟主としての大義にもとる」といった批判が国内外で高まり始めた。

アメリカのイメージ悪化を懸念した国務省は「アメリカこそ文化的凍結解除の先導者であるべきである」「軍事力の行使にあたっては防衛的であるべきだが、自由への願望を広めるにあたっては攻撃的であっても構わない」と方針転換し、人物交流プログラムへの態度を軟化させるようになった（Frank Ninkovich, *U.S. Information Policy and Cultural Diplomacy*, 一九九六年、二五～二六頁）。

このように理想主義と現実主義の狭間で、国際世論の「心と精神を勝ち取る」ための神経戦にも似た思想戦が展開されたのが冷戦時代だった。原子力の平和利用を求めたアイゼンハ

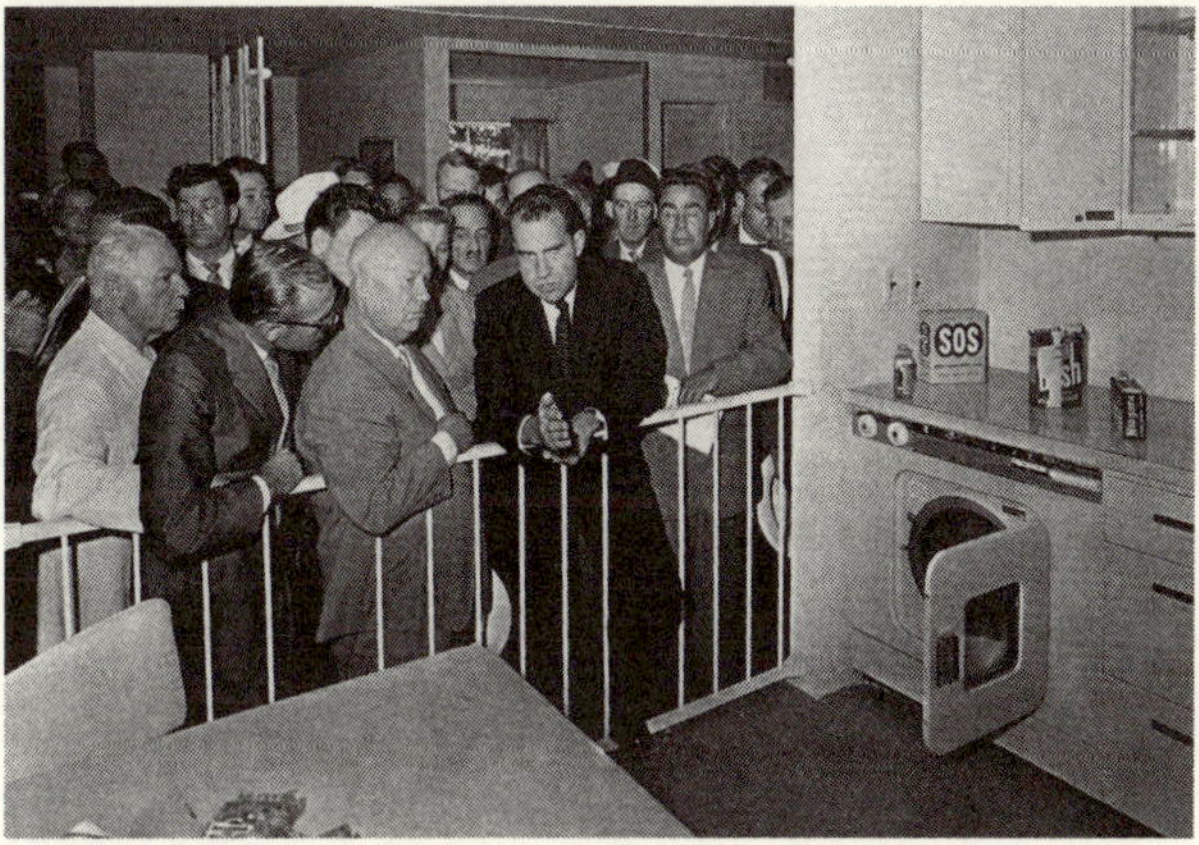

台所論争　ニクソン米副大統領（中央右）とフルシチョフ・ソ連首相（中央左）によるモスクワの米博覧会場での体制の優劣をめぐる議論　1959年7月24日

ワーの国連総会演説（一九五三年）には、ソ連に対するアメリカの倫理的優位性を世界に示すことで、国際世論の尊敬と信頼を勝ち取ろうとする明確な意図があった。アメリカの副大統領リチャード・ニクソンとソ連首相フルシチョフの「台所論争（Kitchen Debate）」（一九五九年）や、キューバ危機（一九六二年）をめぐる緊急国連安全保障会議の席上、アメリカの国連大使アドレー・スティーブンソンがキューバのミサイル基地を撮影した写真パネル二六枚を示しながら、ソ連の国連大使ヴァレリアン・ゾーリンに核ミサイルの存在を認めるよう迫ったやり取りはあまりに有名だ。

一方のソ連は、一九五〇年代終わりから、アフリカやアジア、中南米の新興独立国に対するアメリカの影響力を排除する方針を掲げ、そうした国々における不満分子（共産主義者や左翼ゲリラ）への支援を強化した。一九六〇年、モスクワにロシア市民友好大学を開校し、アフリカ、アジア、中南米などから四〇〇〇人もの留学生を国費で招聘したことは、その好例だ（当時、アメリカが国費で招聘していた留学生は全体で三〇〇〇人に満たなかった）。一九六三年にマーティン・ルーサー・キング牧師らが人種差別撤廃を求めてワシントン大行進を行った際、ソ連のタス通信は「二〇〇〇万人もの黒人を搾取してきたアメリカ社会の醜い現実」と大々的に報じた。

5　「ニュー・パブリック・ディプロマシー」

「クール・ブリタニア」キャンペーン

四〇年以上続いた冷戦は、一九八九年一二月、米ソ首脳のマルタ会談において終結が公式に宣言された。その後、グローバルな規模で政治経済的な統合や文化的な均質化が加速したが、それとともに独自の国家的アイデンティティや文化的アイデンティティを模索する動きも顕著になっていった。また、新自由主義や情報化が進展するにつれ、イメージやブランドを高め、世界の人びとの「心と精神を勝ち取る」ことに、企業のみならず、国家も関心を深めるようになった。

例えば、一九九〇年代半ば、イギリスのBSE（牛海綿状脳症、いわゆる狂牛病）問題が世界的な話題となったが、問題が解決した後も、イギリス産牛肉が危険という意識は消えず、イギリスの畜産業界は大打撃を受けた。その際、ブリティッシュ・カウンシルは、そうした意識の根底には「イギリス＝古くさい」というイメージがあり、イギリス政府がいくら「科学的に安全性が確認された」と説明しても、イギリスの科学そのものが遅れていると認識されている以上、国際世論を説得できないと判断、イギリスの科学水準の高さをアピールする活動に着手した。

イギリス政府全体としても、若き宰相トニー・ブレアのもと、イギリスにまつわる諸々のステレオタイプ（停滞、衰退、没落、老朽化、階級社会、古くさい因習、陰鬱な天気、貧相な食事など）を打破し、通商・観光・文化を振興すべく、一九九〇年代末から「クール・ブリタニア（Cool Britannia）」キャンペーンを大々的に展開した。

「クール・ブリタニア」という名称はイギリスの愛国歌「ルール、ブリタニア（“Rule, Britannia”＝「ブリタニア〈女神〉よ、支配せよ」）に掛けたものだが、イギリス政府は民間の調査会社に委託した世界三〇ヵ国における世論調査をもとに、イギリスの現代性・多様性・

創造性を前面に打ち出す策を取った。キャンペーンの成果については意見が分かれるが、イギリスのような大国までもが国家ブランド戦略に乗り出したことが話題になり、世界各国における「クール」ブームの先駆けとなった。

価値観を世界に売り出す

冷戦後、「アメリカ一極構造」が顕在化するにつれ、世界各地におけるアメリカへの反発も高まった。対米イメージを改善すべく、ジョージ・W・ブッシュ政権で国務長官に任命されたコリン・パウエルは、二〇〇一年三月の下院予算委員会でこう誓約した。

国務省のパブリック・ディプロマシー担当者については、かつてのUSIAのようにアメリカを売り込む古い手法ではなく、外交政策と国務省を上手にブランド化し、国務省とアメリカの価値観を世界に向けて売り出すことができる人材を登用するつもりです。ただパンフレットを出すだけでは不十分なのです。

(『ワシントンポスト』紙、二〇〇一年一二月三一日付)

パウエルが白羽の矢を立てたのは、大手広告会社の会長兼CEOを務めたシャーロット・

ビアーズだった。彼女はビジネススクールの教科書にも登場する「ブランド戦略」の達人で、「マディソン街の女王」の異名を誇っていた（ニューヨークのマディソン街は、広告代理店が多く集まっていることで知られる）。ただ、彼女にはそれまで政治や外交の経験がなく、あくまでビジネスの世界における経験と実績を買われての人事だった。

もっとも、ビアーズ国務次官（パブリック・ディプロマシー担当）が正式に着任したのは、二〇〇一年九月一一日の同時多発テロから三週間後のことだった。アメリカでは、テロ後、世界各地で台頭する反米主義への対抗策としてパブリック・ディプロマシーへの関心が急速に高まり、それに呼応する形で、日本でもアメリカのパブリック・ディプロマシーについて言及・参照することが多くなった。

日本において「広報外交」や「文化外交」は主に戦後期の言葉であるが、戦前の情報統制や文化統制の歴史や、戦後は経済協力や開発援助を重視してきた経緯もあり、海外広報や国際文化交流を「パブリック・ディプロマシー」として捉えることには総じて慎重ないし消極的だった。

しかし、二〇〇四年の外務省の機構改革により、大臣官房の文化交流部と外務報道官組織の海外報道課を統合した「広報文化交流部（Public Diplomacy Department）」が大臣官房に新設され、公式英文名に初めて「Public Diplomacy」が用いられるようになった。

ソフト・パワー

パブリック・ディプロマシーと並んで脚光を浴びたのが、国際政治学者ジョセフ・ナイ（ハーバード大学教授）が一九八〇年代終わりに提唱した「ソフト・パワー」という概念である。

ソフト・パワーとは、強制や報酬ではなく、国の魅力によって望む結果を得る能力のことで、具体的には、その国の文化、政治的な理想、政策の魅力を指す。古くは「戦わずして人の兵を屈するは善の善なるものなり」という『孫子』の思想なども通底する概念であるが、ハード・パワー（軍事力や経済力）のみで論じられがちな国際政治を構成する、もう一つの看過できないパワーとして注目された。

そのソフト・パワーについて、ナイは「ハード・パワーほどには政府が管理できるわけではない」（ナイ『ソフト・パワー』山岡洋一訳、二〇〇四年、三九頁）と述べたうえで、有識者、著名人、メディア、大学・研究所、シンクタンク、財団、市民社会組織（CSO）、宗教組織、移民集団、国際機関といったアクターの影響力の大きさを指摘し、必要に応じてそうしたアクターが相互連携することの重要性を説いている。

そもそも今日の国際関係においては、多様なアクターが織りなす多層的なネットワークのなかでガバナンスが営まれ、かつインターネットを媒介にした情報技術文化が急速に拡大することで、外交空間が、政治家や外交官の間のみならず、市民・大衆レベルにまで遍在化（ユビキタス化）するようになっている。

一九九九年に発効した対人地雷禁止条約形成の交渉過程（オタワ・プロセス）や、二〇一〇年に発効したクラスター爆弾に関する条約の交渉過程（オスロ・プロセス）において、数百ものNGOによる緩やかなネットワークが直接的・間接的に大きな役割を果したことは、その好例といえよう。

ジョセフ・ナイ（1937〜）

安全保障に関わる問題は感情論や印象論に影響されるべきではないと、軍縮・軍備管理交渉の舞台でNGOが影響力を持つことを懸念する声は根強い。しかし、そうしたNGOを排除してしまえば、かえって後々の政治的な取引を増やし、合意内容を歪めかねないのも確かだ。なかには各国の政府関係者と強い信頼関係を構築し、政府団に加わるようになったNGOもある。例えば、二〇〇九年にコペンハーゲンで開催された国連のCOP15（国連気候変動枠組条約第15回締約国会議）の際、日本政府の代表団には環境問題で活動してきた二つのNGO、世界自然保護基金（WWF）と気候ネットワークの代表者二人が参加している。

複雑系化する世界

もちろん、こうした「ユビキタス化」が世論の混乱や公益の損失を助長する場合もある。例えば、二〇一一年四月、アメリカ・フロリダ州の小さなキリスト教会がイスラム教の聖典コーランを燃やしたことに対し、アフガニスタン北部の抗議デモが暴徒化、欧米人が勤務する国連事務所が反米感情の捌け口になり、職員らが死亡した。

同時多発テロの九周年記念日にあたる前年九月一一日に焼却を計画した際は、アフガニスタン駐留米軍のデヴィッド・ペトレイアス司令官らによる説得を聞き入れたが、結局、翌年には決行するに至り、しかもコーランを「公開裁判」にかけて「有罪」判決を下し、燃やすまでの様子を記録した映像を自分たちのインターネットサイトに掲載した。アフガン全土に広がったデモは米軍撤退計画にも影響を及ぼす格好となった。

二〇一一年三月の東日本大震災で被害を受けた福島第一原子力発電所をめぐる東京電力の広報対応には海外メディアからも厳しい批判が寄せられたが、それは単なる一企業のみならず、日本の原子力政策、あるいは科学技術政策、ひいては国家全体のガバナンスそのものへの不信を助長するものだった。

そればかりか、震災から二週間後に行われたドイツ南西部バーデン・ビュルテンベルク州の州議会選挙では原発政策が最大の争点となり、「反原発」を掲げる環境政党・緑の党が躍進し、連立与党が敗北する結果となった。ドイツのアンゲラ・メルケル首相は「敗因は福島原発」と言明したほどだ。

現代の国際社会においては、防災、保健衛生、環境、エネルギー、金融といった問題群が（広義の）安全保障とより直接的に、かつトランスナショナルにリンクするようになっており、あたかも複雑系のように、小さな刺激が予期せぬ連鎖によって、システム全体の機能不全を引き起こす可能性も否定できなくなっている（Niall Ferguson, "Complexity and Collapse," *Foreign Affairs*, 二〇一〇年三・四月号）。

国を代表する元首、閣僚、大使、外交官のふとした言葉や振る舞いが思わぬ国際的余波をもたらす例は古くからあるが、今日ではそうしたリスク要因もまたユビキタス化している。

「支配」から「支援」へ

ソフト・パワーがますます政府の管理できるものではなくなるにつれ、パブリック・ディプロマシーに関しても、政府の役割は多様なアクターが織りなす多層的なネットワークを

海外の市民団体との戦略対話に出席するクリントン米国務長官　サウジアラビア，トルコなど20ヵ国以上の団体を招いた初会合で，重視する分野として，良い統治と説明責任，民主主義と人権，女性の権利の３つを挙げた　2011年２月

「支配」することではなく、あくまでアクター間のパートナーシップづくりやプラットフォームづくりを「支援」することにあるという考え、いわゆる「ニュー・パブリック・ディプロマシー」という概念が注目されるようになった。

それは、政府の直接的関与が強くなりすぎると（あるいはそう受け止められると）、かえってパブリック・ディプロマシーそのものの魅力や信頼性、正当性が損なわれてしまうという発想であり、政府を介さない国民同士が市民レベルで行う「市民外交」や「民間外交」も（広義の）パブリック・ディプロマシーと見なす立場を支える発想でもある。

パブリック・ディプロマシーはしばしば「プロパガンダ」や「ブランディング」と同

一視される。プロパガンダもブランディングも政府の強い関与や一元的な情報やイメージの管理を前提にしているが、より多くのアクターの「心と精神を勝ち取る」ような「物語」の構築力、あるいはアジェンダやルールの設定力が問われる現代にあっては、そうした視点そのものが時代錯誤的になりつつある。

はしがきや序章で紹介した中国のパブリック・ディプロマシーが、その大胆な展開ぶりとは裏腹に、懐疑の念をもって受け止められている理由の一端はここにある。政府の強い関与や一元的な管理は、一見、効率性のよいパブリック・ディプロマシーに見えるかもしれない。しかし、今日のパブリック・ディプロマシーが直面しているのは、政府の関与が強すぎると、かえってソフト・パワーを低減しかねないという逆説である。

本章では「心と精神を勝ち取る」営為と外交の関係について時系列的に俯瞰した。それをパブリック・ディプロマシー理解のための縦軸とするならば、次章では横軸として、その手法について検討してみたい。

第Ⅱ章　作法

1　五類型とモデルケース

「離陸のときにも立ち会いたい」

パブリック・ディプロマシーを取り巻く時代環境は大きく変遷しているが、「心と精神を勝ち取る」ための手法そのものは、少なくとも新外交の時代以降、さほど変化があるわけではない。パブリック・ディプロマシーの専門家ニコラス・カル（南カリフォルニア大学教授）はそれを次の五つに分類している（Nicholas Cull, "Public Diplomacy," in *The Annals of the American Academy of Political and Social Science*, 二〇〇八年三月号）。

①対象理解（Listening）
②政策広報（Advocacy）
③文化外交（Cultural Diplomacy）
④交流外交（Exchange Diplomacy）
⑤国際報道（International Broadcasting）

①の対象理解は、本来、「手法」というよりは②―⑤の「前提」とされるべきものだが、実際には最も蔑ろにされがちであるとして、カルはあえてここに並べている。

ジョン・F・ケネディ政権時代、大統領直属の米国広報・文化交流庁（USIA）の長官を務めたエドワード・マロー――「赤狩り」の首謀者マッカーシー上院議員に対し、毅然と立ち向かった国民的ニュースキャスターとしても知られる――は「不時着のときだけではなく、離陸のときにも立ち会いたい」という有名な台詞を残している。

これは政策が決定・実行されてからパブリック・ディプロマシーを行っていたのでは遅すぎるという意味で、マローは政策形成の段階から国外世論の真意や影響力について、大統領や閣僚・大使などに助言できることを求めた。ケネディもこの考えに賛同し、国防・外交政策の最高諮問機関である国家安全保障会議（NSC）へのマローの参加を認めた。加えて、マローには大統領執務室の直通電話へのアクセスも許された（Mark Haefele, "John F. Kennedy, USIA, and World Public Opinion," *Diplomatic History*, 二〇〇一年冬号）。もちろん、対象理解はパブリック・ディプロマシーのみならず、いかなる政策形成にとっての大前提でもある。

対象理解

パブリック・ディプロマシーにおける対象理解の成功例として挙げられるのは近年のスイスの試みである。

一九九〇年代後半、スイスの銀行が金を中心とするナチスの資産の隠し場所となっていたことが発覚、スイスの中立違反に対する国際的な非難が高まった。スイスの現政権にとっては過去の「不時着」への対応を迫られる格好となったわけだが、外務省は官民からなるブランド委員会を二〇〇〇年に設立、七つの重点国（米・英・仏・独・墺・伊・中）を中心にイメージ改善のための事業を官民一体で展開した。二〇〇五年の愛知万国博覧会で好評を博した「スイス館」もその一つだった。やがてスイスの国際的な好感度は発覚以前の水準にまで回復した。

成功の秘訣は、重点国における世論調査やメディア分析をきめ細かく行いながら、事業の対象や内容を変化させていったことにあった。その過程で、スイス国民が誇りにしている「直接民主制」や「人道支援」などが、海外ではほとんど認知されていないことも明らかになったという。

逆に、対象理解の失敗例として知られるのが、前章でも紹介した「マディソン街の女王」ビアーズが二〇〇一年九月一一日の同時多発テロ後に中東地域で展開したパブリック・ディプロマシーだ。

ビアーズは、テロリストの摘発を目的とした「正義の懸賞金キャンペーン」を打ち上げるとともに、対イスラム圏向けの「共通の価値観キャンペーン」に一〇〇〇万ドルを投じた。同キャンペーンは、アメリカがイスラム教を敵視していないことを示そうとしたもので、イスラム系アメリカ人の生活をテレビ広告や小冊子を通して紹介した。

しかし、このキャンペーンには、イスラム諸国から「プロパガンダ」であるとの反発が相次ぎ、広告放映をボイコットする地元テレビ局も少なくなかった。イスラム諸国の人びとは、必ずしもアメリカの価値観を全面否定しているわけではなく、むしろ自分たちに敵対的・差別的なアメリカの外交政策を批判していたからである（"Muslim-as-Apple-Pie Videos Are Greeted With Skepticism," *New York Times,* 二〇〇二年一〇月三〇日付）。情報の受け手となる対象へのごく基本的な理解すら欠いていたわけだ。

政策広報

②の政策広報の成功例として挙げられるのは、一九八三年にアメリカがヨーロッパへ中距離核戦力（ＩＮＦ）を配備するために展開したパブリック・ディプロマシーである。

一九七五年にソ連が東欧へ中距離核ミサイルＳＳ20を配備したことに対し、アメリカは地上発射巡航ミサイル（GLCM）とパーシングⅡ中距離弾道ミサイルを配備しようとした。しかし、当時西欧では平和運動が高まりを見せていた。そこでロナルド・レーガン大統領は北大西洋条約機構（NATO）担当大使にデイヴィッド・アブシャイアを任命する。

彼はワシントンD.C.にある有力シンクタンク、戦略国際問題研究所（CSIS）の創設者であり、ヨーロッパのシンクタンクや国防ジャーナリストはもちろん、平和運動の指導者たちとも面識があった。そうした人脈を通して、「ソ連のSS20配備は平和への反逆であり、アメリカはヨーロッパにおける軍拡を意図しているわけではない」と説いて回り、次第に世論の支持を広げていった。より正確にいうと、中距離核戦力の配備そのものは依然として不人気だったが、アメリカの軍縮への取り組みには誠意があると受け止められていったのである。結果的にアメリカは配備に成功し、戦略的かつ道義的に優位な立場からソ連を交渉のテーブルにつかせることができた。ソ連にしてみれば、ハード・パワーのみならず、ソフト・パワーの観点からも交渉・妥協に応じざるを得なくなった。

このパブリック・ディプロマシーの成功の秘訣は、レーガン政権全体の人気向上ではなく、あくまで中距離核戦力の配備という限定的な目的に絞ったこと、そして、アブシャイアの人脈や個人的信頼を活かしながら、ヨーロッパの世論全体ではなく、オピニオン・リーダーに照準を絞ったことにある。

逆に、政策広報の失敗例として知られるのが、ベトナム戦争時のアメリカのパブリック・ディプロマシーだ。

リンドン・ジョンソン大統領の時代、サイゴンでパブリック・ディプロマシーを担当するアメリカ人スタッフは最大二〇〇人（加えて現地スタッフが約六〇〇人）と、それまでの一〇倍以上に増員され、一国あたりの活動予算としては前代未聞の約一〇〇〇万ドルが投じられた。

さらに、一九六五年からは「アメリカからのリポート（Report from America）」というテレビ番組を製作、七〇ヵ国以上に配信するなど、テレビ時代への対応に抜かりなかった。しかし、こうしたリソースの大量投入を以てしても、国際世論をアメリカの味方に付けることはできなかった。それどころか他地域へのリソースが大幅に削減されたことで、反米感情への対応が手薄になってしまった（Frank Ninkovich, *U.S. Information Policy and Cultural Diplomacy*, 一九九六年）。軍事費がかさむなか、国務省のパブリック・ディプロマシー予算は一九六三年度の六三〇〇万ドルから、六九年度には三一〇〇万ドルへと半減を余儀なくされ、フルブライト交流計画の予算も五〇%削減、同年のフルブライターも、日本人三六人、アメリカ人二一人と半減した（近藤健「フルブライト計画」『日本とアメリカ』細谷千博監修、二〇〇一年）。「拙い政策を巧みに宣伝することは、過ちをより深刻にするだけです」と警鐘を鳴らしたのはマローだった。

文化外交

③の文化外交は、文化芸術作品の紹介を通して自国への理解を広め、友好的な外交環境を創出しようとするものだが、文化芸術を外交やパワーに結びつけることへの違和感から、ブリティッシュ・カウンシルのように、自らは「文化外交」ではなく「文化関係（**cultural relations**）」の担い手であると自称する機関もある（しかし、実際の活動内容は「文化外交」とほとんど変わらない）。

また、実務家や研究者のなかには、「文化外交」とは「戦争は人の心の中で生まれるものであるから、人の心の中に平和のとりでを築かなければならない」と謳ったユネスコ憲章に象徴される「万人のための基礎教育」や「文化の多様性の保護および文明間対話の促進」を目的とする活動に限定されるべきであるとし、パブリック・ディプロマシーのサブ・カテゴリーとして捉えることを好まない者も少なくない（こうした文化国際主義の立場については次章で考察する）。

文化外交の成功例として挙げられるのは、一九五五年にニューヨーク近代美術館（ＭｏＭＡ）で開催された写真展「われらみな人間家族（The Family of Man）」である。

　一九五〇年代前半、ソ連が共産主義と平和主義を結びつけるイデオロギー戦略に成功する一方、アメリカは朝鮮戦争の最高司令官ダグラス・マッカーサーが対中強硬路線を公言するなど好戦的イメージを負っていた。ソ連が「革命」を通したユートピア的未来の到来を世界に投影していたのに対し、アメリカは「現状維持」と同義の存在になっていたのである。そこで米国広報・文化交流庁（ＵＳＩＡ）は、プロ・アマを問わず、ソ連を含む六八ヵ国の二七三人が撮影した五〇三枚の作品からなる写真展を開催、七年間でソ連を含む三八ヵ国を巡回し、写真集もベストセラーになるなど、歴史に残る大成功を収めた。写真に添えられた世界宗教の教典や古今東西の思想家・芸術家の至言も好評を博した。

　この写真展の成功の秘訣は、企画そのもののオープンさにあった。著名な写真家エドワード・スタイケンに企画を委ねたことに加え、写真そのものも

The Walk to Paradise Garden 「ザ・ファミリー・オブ・マン」展でのユージン・スミスによる代表的な作品

世界各地で暮らす人間の日常を映し出したもので、そこから人類全体の普遍性や共通の未来を想起させる仕掛けになっていた。それゆえ、貧困や差別などアメリカの恥部を映した写真も隠すことなく展示された。と同時に、ソ連のディストピアを映した写真も隠すことなく展示された。「ありのままの世界」を世界に示すことによって、アメリカは自らが器の大きい、フェアでオープンな社会であることを印象づけることができた。と同時に、ソ連が決してユートピアではないこと、平和主義は共産主義の専有物ではないことも印象づけることができた。ちなみに、この写真展は一九五六年に東京でも開催され、昭和天皇が見学に訪れたが、その際、日本側の主催者は長崎原爆被害者の写真をカーテンで覆い隠してしまった。

逆に、この意味で失敗例として知られるのがソ連の文化外交だ。

ソ連は芸術、スポーツ、映画、ラジオ、出版などを通して、自国が多様性に対して寛容で、文化的に成熟していることを世界にアピールしようとした。その一環として、例えば、民族衣装を身に纏って舞踊や楽器を奏でる少数民族のイメージが多用された。メディアが未発達、あるいは情報統制の厳しい開発途上国ではそうしたイメージ戦略が功を奏した面もあるが、先進国では一九八〇年代までにソ連の政治的抑圧や経済的停滞が自明のものとなり、文化外交によってむしろソ連の流布する「物語」の魅力や信頼性、正当性が一層損なわれる皮肉な結果となった。

交流外交

④の交流外交の重要性について、マローは有名な言葉を残している。

そんなことは、電気的な問題にすぎません。国際コミュニケーションの連鎖を決定的に〔情報を〕五〇〇〇マイルなり一〇〇〇〇マイル動かすことが重要なのではありません。連結させるのは、個人的な接触を最善のかたちで橋渡しする最後の三フィート（＝約一メートル）、すなわち他者との対話なのです。

（一九六三年八月四日付、米ABCテレビのインタビューより）

その「最後の三フィート」の交流外交の成功例として挙げられるのは、第二次世界大戦後、ドイツとフランスが和解のために行ったパブリック・ディプロマシーである。

まず、一九四五年に独仏のイエズス会士による学生の交流事業が始まり、一九五〇年にはモンベリアール（仏）とルードヴィッヒスブルク（独）が姉妹都市関係を締結、その後、市民交流、交換留学、スポーツ交流などを通して、二〇〇〇年までに二〇〇〇以上の自治体が関係を結んだ。

一九四〇年代後半にこうした事業に参加した若者たちが社会の第一線で活躍するようになると、各地でゲーテ・インスティトゥートやフランス学院の設立などが相次いだ。一九六三年にはコンラート・アデナウアー独首相とシャルル・ド・ゴール仏大統領によって、両国民の和解の確認とヨーロッパ大陸における持続的な平和の基礎を築くためのエリゼ条約（仏独協力条約）が調印され、毎年三〇万人もの若者が交流事業に参加するようになった。その総数は二〇〇三年までに七〇〇〇万人に達し、うち七〇％を高校生が占めた。同条約は、仏独青少年局（OFAJ）をはじめ、仏独文化高等評議会、共同文化テレビ局「アルテ」、仏独大学など、さまざまな協力機関の創設にもつながった。

米ソという大国の狭間で戦後復興を遂げる必要があったこと、キリスト教の伝統など価値観を多く共有していたこと、自国の言語を相手国民に広めることができたこと、共産圏からの文化攻勢の影響力を削ぐことができたこと、和解を求める市民の気運が高かったことなど、両国間に共通点が多く存在したことが、これらの交流事業を後押しした。ヨーロッパ史において最も激しい反目を繰り返してきた両国だが、こうした交流外交を通して培われた人脈や信頼によって、今日では安定した関係が保たれている。

逆に、交流外交の失敗例として知られるのが、エジプトのムスリム同胞団のサイイド・クトゥブの例だ。

クトゥブは信仰の篤い富農の家に生まれ、西洋型の高等教育を受けた後、教育省に勤務するかたわら、詩作や評論でも活躍した。ところが四三歳のときに二年間、アメリカ・コロラド州へ留学したことが大きな転機となった。消費主義や物質主義などの道徳的退廃に反発、急速に反西洋志向を強め、やがてムスリム同胞団に加入した（のちに一九五四年のエジプトのナセル大統領暗殺未遂事件をきっかけに捕らえられ、六六年に処刑された）。クトゥブは、イスラム教国の世俗化・西洋化・共産化を志向する指導者が統治を続ける、腐敗と圧政が蔓延した現世は武力（暴力）を用いてでも打倒されねばならないこと、そのうえでジハードによる真のイスラム国家の建設を目指さねばならないことなどを説き、イスラム過激派の行動に理論的根拠を与えた。

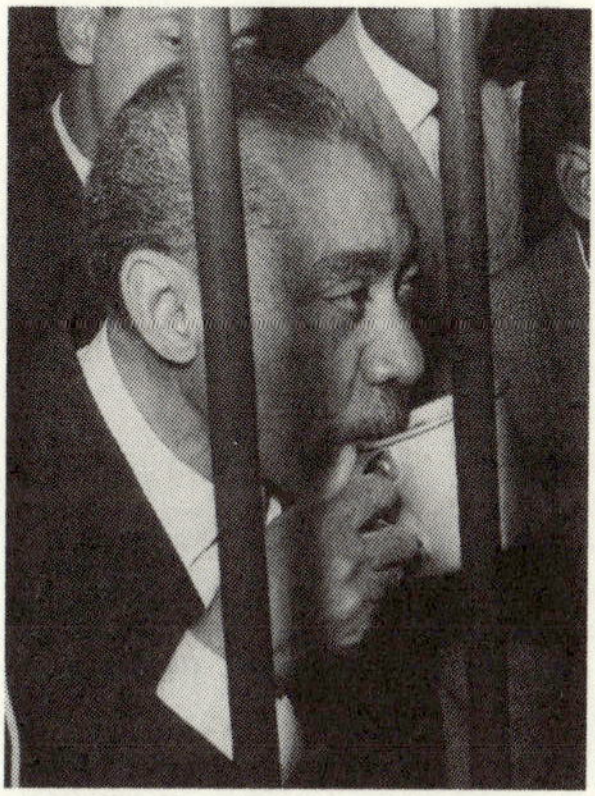
サイイド・クトゥブ（1906～66）

皮肉なことに、アメリカ留学の経験を有していることが、彼の議論の説得力を一段と増す結果となった。クトゥブの例はかなり極端といえるが、来訪者に対するサポートが不十分な場合、交流事業がかえってホスト国に対する心証を悪くすることは珍しくない。ホスト機関のみならず、移民局や観光局なども含めた総合的な受け入れ態勢の整備が欠かせない。

ちなみに、カルは交流外交が活発な国として日本を挙げている。明治時代以降、文明開化を推し進めるべく、日本が欧米人の招聘や使節団の派遣などに精力的に取り組んできたことは周知の通りだ。今日でも、例えば、日本の地方公共団体などが、外務省、総務省、文部科学省及び自治体国際化協会の協力の下で運営しているJETプログラム（語学指導等を行う外交青年招致事業）はパブリック・ディプロマシーのモデルケースとして海外で高い評価を得ている。

国際報道

⑤の国際報道の成功例として挙げられるのは、アメリカを第二次世界大戦参戦に誘うために行ったイギリスのパブリック・ディプロマシーである。

一九四〇年当時、イギリスはドイツやイタリアの脅威と対峙すべく、まだ中立の立場を保っていたアメリカの援軍を強く望んでいた。しかし、ネヴィル・チェンバレン英首相の宥和政策や第一次世界大戦中のイギリスのプロパガンダに対する反発から、概してアメリカ国内の世論は消極的だった。そこでイギリスは、あまりにストレートなパブリック・ディプロマシーはかえって逆効果になると判断、「イギリスの声」を直接発信するよりも、アメリカのラジオ特派員にイギリスの放送局を自由に使ってもらい、ありのままに状況を伝えてもらう策を講じた。

ジャーナリストとしてのエドワード・マローを有名にした、「こちらロンドン（This is London）」というフレーズで始まるロンドン空襲の実況中継がその好例だ。マローは防空壕へと急ぐロンドン市民の足音を伝えるため、トラファルガー広場の地面にマイクを置いて中継したほどだったが、それはアメリカの一般家庭にとって、イギリス政府のいかなる政策広報よりもインパクトがあった。

エドワード・マロー（1908～65） ロンドン赴任時，1939年

アメリカ人を母に持つウィンストン・チャーチル首相が就任したことも幸いしたが、その彼でさえアメリカの援軍をストレートに求める演説は行わず、アメリカ人が良心に従って判断することへの期待を表明するにとどめた。しかし、結果的には、こうした戦略が功を奏し、アメリカでは次第に参戦支持が高まり、フランクリン・ルーズベルトにとってイギリス支持を表明しやすい外交環境が整っていった（その後、日本軍による真珠湾攻撃によって参戦が決定的となる）。

逆に、国際報道の失敗例として知られるのが、第二次世界大戦中の「自由フランス」によるフランス向けラジオ放送だ。フランスがナチス・ドイツに占領された際、シャルル・ド・ゴール将軍はロンドンで亡命政権を樹立、フランス国内のレジスタンス運動を国外から支援しつつ、自由フランス軍を結成し、アフリカで枢軸国やフランス本国のヴィシー政府軍と交戦した。その際、「ドイツ軍の不当接収によりフランスで食糧不足が生じている」とロンドンやアルジェから放送し、フランス本国での支持拡大を画策した。しかし、実際にはそうした接収は行われていなかった。その結果、フランス解放後に樹立された新政権への国民の期待が過度に高まってしまい、ドイツ軍が去っても食糧事情やインフレが一向に改善しないことに対して、逆に、責任を厳しく問われる羽目になった。

一定のパターン

「真実こそが最善の宣伝であり、虚偽は最悪です。説得力を持つためには、信頼に値しなければなりません。信頼に値するためには、信用が大切です。信用のためには、真実が大切です。単純な話です」と述べたのはマローだが、国際報道では、仮に公的資金が投入されているとしても、政府と一定の距離が保たれ、編集権の自由が担保されていることが決定的に重要となる。イギリスのパブリック・ディプロマシーの場合、②の政策広報は外務省、③の文化外交と④の交流外交は主としてブリティッシュ・カウンシル、⑤の国際報道はBBC、と機能を分散させることで、それぞれの活動の信頼性を高めようとしている。

この点、イギリスと対照的なのが、②〜⑤のすべてを管轄していた一九八〇年代の米国広報・文化交流庁（USIA）だ。アメリカのパブリック・ディプロマシー史を振り返ると、組織改編が実に頻繁に行われていることに気づく。その多くは、担い手を一元化することで効率化・簡素化を図ろうとする政策風土が強いなか、情報活動（政策広報や国際報道）と文化活動（文化外交や交流外交）をいかに共存させるかという問いに起因していると言ってよい。

冷戦終結後、ビル・クリントン政権はVOA、RFE／RL、RFA、Radio／TV Martiなどの国際放送を超党派の独立連邦機関である放送理事会（BBG）の管轄下に移す一方、USIAに関しては一九九九年から国務省に整理統合する決定を下した（保守強硬派のジェシー・ヘルムズ上院外交委員会委員長から化学兵器禁止条約への支持を引き出すための妥協策だった）。

当初は国務省と一元化することでパブリック・ディプロマシー全体の存在感や効率性を増すことができるという期待もあったようだが、私がこれまでヒアリングを重ねてきた範囲では「国務省という巨大な官僚機構の一部局に成り下がってしまった」「国務省のさまざまな部局に機能が分散してしまい、かえって全体の統合性や機動性が薄れてしまった」など否定的な意見が圧倒的のようである。

「心と精神を勝ち取る」ための手法そのものは、少なくとも新外交の時代以降、さほど変化があるわけではない。そして、上述した各手法の成功例と失敗例を俯瞰してみると、そこには一定のパターンが見て取れる。

すなわち、パブリック・ディプロマシーによって達成しようとしている政策目標や働きかける対象が十分に限定されていること、自国を美化しただけの内容やストレートすぎる主張はかえって逆効果になり得ること、といった点である。政府の直接的関与が強くなりすぎると（あるいはそう受け止められると）、かえってパブリック・ディプロマシーそのものの魅力や信頼性、正当性は損なわれてしまう。「ニュー・パブリック・ディプロマシー」の時代にあっては、尚更だ。

2 「クール・ジャパン」再考

カワイイ大使　日本政府から「ポップカルチャー発信使」＝カワイイ大使を委嘱された３人．右から藤岡静香（女優），木村優（ミュージシャン），青木美沙子（モデル），2009年

曖昧な政策目標

アメリカ人ジャーナリスト、ダグラス・マッグレイが「日本の国民総クール力（Japan's Gross National Cool)」（*Foreign Policy*、二〇〇二年五・六月号）と題する論考のなかで「ポップミュージックから家電まで、建築からファッションまで、そしてアニメから料理まで、日本は一九八〇年代の経済パワーが成し遂げた以上の文化パワーを示している」（四四頁）と述べたのは二〇〇二年。いわゆる「クール・ジャパン」がパブリック・ディプロマシーと結びつけて論じられるようになったのは、イギリスのブレア政権による「クール・ブリタニア」キャンペーンが収束したこの頃だった。

「クール・ジャパン」は、主として、海外の若者の関心を日本に誘うためのゲートウェイ、あるいは「創造力あふれるエキサイティングな国」というブランド・イメージを高めるためのツールと位置づけられた。

たしかに、「クール・ジャパン」を生み出す国の言語や歴史に興味を抱き、大学や大学院で日本について学び、「知日派」になっていくキャリア・パスが定着しつつあることは、日本にとって歓迎すべきことである。例えば、アメリカの国際教育協会（IIE）の調査（二〇〇九年）によると、二〇〇五年から〇七年の間に、日本に留学するアメリカ人の学生数は実に一三％も増加している。また、外務省のアメリカにおける対日意識調査（二〇一〇年）によると「豊かな伝統と文化を有する国」（九七％）、「アニメ・ファッション・料理など新しい文化を発信する国」（八二％）など、肯定的な対日イメージがアメリカ人の間に存在している。

しかし、上述したパブリック・ディプロマシーのモデルケースと比べると、「クール・ジャパン」を活用することで達成しようとしている政策目標は極めて曖昧で、働きかける対象も不明瞭な印象は免れない。

例えば、アメリカの場合、読売新聞社と米ギャラップ社の日米共同世論調査（二〇一〇年一二月）によると、「日本を信頼している」アメリカ人は六四％と二〇〇〇年代初頭から一五％近く減少しているのに対し、「日本を信頼していない」アメリカ人は三三％と一五％近く増加している。「クール・ジャパン」への関心が「日本への信頼」に必ずしも直結していない現実は直視する必要があろう。しかも「信頼」という漠然とした基準ではなく、より具体的な政策目標との関連性となると、さらに曖昧に映ってしまう。もともと少ないリソースをどの国のどの層（の若者）に投入するかという点も不明瞭だ。

二〇〇二年にヒアリングに訪れたクアラルンプール（マレーシア）のブリティッシュ・カウンシルでは「マレーシア国内で冷遇されがちな中国系の若者にイギリスの大学で学ぶ機会を与えることで、将来、イギリスとのパイプ役になってもらいたい」とのことだったが、「クール・ジャパン」の場合、そうした具体的な戦略性に乏しく、総花的な印象を受けてしまう。「海外の若者の日本に対する関心を高める」「世界の人びとに『創造力あふれるエキサイティングな国』として日本をイメージしてもらう」というのは、日本のパブリック・ディプロマシーのリソースの希少性を勘案すると、あまりに壮大なプロジェクトに思えてならない。

序章で紹介した「アンホルトＧｆＫローパー国家ブランド指数（ＮＢＩ）」の開発・実施に深く関わっているサイモン・アンホルトは、国家のイメージ戦略に関して次のような警鐘を鳴らしている。

わたしが「国家ブランド」という言葉を使ったばかりに、たちまち意味がゆがめられ、

「国家ブランディング」という危険で誤解を招きやすい概念にすり替えられてしまった。〔中略〕国家ブランディングという言葉がなぜ危険かというと、マーケティング・コミュニケーションの手法を使って国家のイメージを直接操作できるかのような印象を与えるからである。だがその印象は、15年来繰り返し述べてきたように誤りであって、直接操作できたためしなどないし、いかなるケーススタディーも研究も討論もその可能性を立証するに至っていない。

（サイモン・アンホルト「日本は『二つの難問』を解決できるか」『外交』Vol.3、二〇一〇年、一〇頁）

仮にブランディングという手法を用いるとしても、上述したスイスのブランド委員会のように、政策目標や働きかける対象をかなり限定する必要があり、国家全体のイメージを漠然と、不特定の対象に向けて高めようというのは、アンホルトの指摘するように、かなり無理があるだろう。

政府の役割とは

さらに留意すべきは、もともと「クール・ジャパン」が政府によって創出されたわけではない点だ。例えば、「クール・ジャパン」の牽引役となったMANGAは、いまやSUSHIやKARAOKEと並ぶ国際語になっている。もはや一部のマニアを超えて、一般層にもファンが確実に広がっており、アジアや欧米では日本マンガ専門のコーナーが設置されている書店も珍しくない。しかし、例えばフランスの場合、もとはといえば、イタリアのメディア王の異名を誇った実業家シルヴィオ・ベルルスコーニ（イタリア首相）が、一九七〇年代にフランスで自社のチャンネル権を拡大するため、二束三文で買い叩いた日本のアニメ作品を大量に放映したことがブームの発端だった。アジアやアメリカにおける人気も、あくまで作品自体の魅力や販売元のマーケティング戦略に負う部分が大きい。

「クール・ジャパン」の原動力はあくまで「民」であり、それゆえ政府の関与が強すぎると、かえってその魅力を低減しかねない。むしろ、政府の役割は、一企業や一業界だけでは対処できない側面——例えば、海賊版対策や知的財産権の整備など——に対する支援など限定的であるべきだろう。これまた「ニュー・パブリック・ディプロマシー」の時代にあっては、尚更だ。

「クール・ジャパン」はあくまで「ソフト・パワー」の「源泉」にすぎない。ある源泉がパワーとなるか否かは、それが投影される政策目標や対象、文脈、手法などに拠る。また、当然のことながら、その源泉がどれだけ魅力的であるかは、送り手と受け手の間、あるいはそれぞれの内部でパーセプションのズレが生じうる。「源泉」と「ソフト・パワー」を同一視してはならない。そして、それは「クール・ジャパン」についても然りである。

3　トモダチ作戦

「人間の安全保障」との接合

マンガ・アニメに限らず、小説から映画に至る日本の現代作品の人気の理由として、ストーリーやキャラクターが、単に日本だけの問題ではなく、同時代の世界に共通する問題を表象していて共感しやすい点を指摘する声は少なくない。

具体的には、自然との共生だったり、家族や友情の意味だったり、優しさや孤独だったりするわけだが、それらは高度成長やポストモダンのプロセスのなかで日本社会が向き合ってきた問題でもある。つまり、「クール・ジャパン」には「日本」という異質性・特殊性を超えた同質性・普遍性が内包されており、ポケモンが世界各地で共感を勝ち得ているのは、単に異質で〝カワイイ〟からではなく、その背後に、同時代的な、奥行き深い巧みな文化的メッセージを秘めているからというわけだ。もちろん、「クール・ジャパン」の場合は、そう

「トモダチ作戦」に参加した米兵　腕には作戦を象徴するワッペン　2011年３月26日

した共感の及ぶ範囲もおのずと若い世代に限定されてしまうが、上述した写真展「われらみな人間家族」の場合などは、より広がりを持つことになる。

こうした観点から注目されるのが、災害支援や平和構築など「ヒューマン・セキュリティ（人間の安全保障）」に関わる活動とパブリック・ディプロマシーの接合だ。

例えば、二〇一一年三月の東日本大震災の際、米軍は最大二万人を動員し、迅速で強力な救援活動「トモダチ作戦」を展開、被災地で多くの人びとを助け、勇気づけた。米軍がこれだけの規模で日本に手を差し伸べたのは、太平洋戦争後初めてのことだった。

冷戦後、アメリカは大規模な災害を安全保障上の脅威と捉え、国境を越えた救援活動に熱心に取り組んでいる。二〇〇四年末のスマトラ沖大地震・大津波や一〇年一月のハイチ大地震でも原子力空母や米兵を派遣した。東日本大震災の場合は、日本が同盟国であること、しかも米軍の駐留先が被った災禍だったことから、「力の空白」が生じないよう異例の支援態勢を組むことになった。

オバマ政権としては、福島第一原子力発電所の事故がクリーン・エネルギー推進を掲げて原発を多数設置する計画を目玉政策にしていた矢先の出来事だっただけに、原発への危機感が国内外で高まることを最小限にとどめたいという判断も働いた。加えて、近年、海兵隊は財政赤字による削減論にさらされている。通常は活動の内容を具体的に説明することはしないが、東日本大震災の際は支援部隊の規模や移動を詳細に伝え、その存在感をアピールした。

もちろん、日本向けのパブリック・ディプロマシーとしての側面もある。日本とアメリカは二〇一〇年に安保条約改定五〇年という節目を迎えたが、日本の民主党政権下における同盟関係は、普天間飛行場の移設問題がこじれ、震災直前には米国務省幹部が沖縄県民を「ゆすりの名人」と発言したと報じられるなど、火に油が注がれた状態になっていた。トモダチ作戦を関係再構築の糸口とし、信頼を確かめ直す契機にしたいとアメリカが考えても何ら不思議ではない。また、そうした意図が存在したからといって、米軍の功績が霞むわけではまったくない。

三陸沖の空母からヘリコプターで大量の救援物資を運び、泥土に埋まった仙台空港を素早く再開させたのは米軍だ。孤立した離島に揚陸艇で駆けつけ、命綱の港湾施設を復旧させたのも米軍だ。それがどれだけ被災地の人びとの「心と精神を勝ち取る」ものであったかは、被災者が仙台空港の滑走路近くの海岸に、津波で折れた樹木で「ＡＲＩＧＡＴＯ（ありがとう）」の文字を作り、米軍に感謝を表したことからも明らかだ。

道義性と存在力の誇示

こうした、より普遍性の高い、「人間」としてのニーズや感情に応えることで、自国の道義性や存在力を示し、対象となる人びと、ひいては国際世論の「心と精神を勝ち取る」ことがパブリック・ディプロマシーの新たな照準となりつつある。震災から一ヵ月後には、中東やアフリカ、中南米諸国・地域の駐日大使ら一五人が被災地の避難所を訪問、長靴やスリッパ、エクアドル産バナナなどを避難民に贈って励まし、路上の掃除を手伝った。

ロシア政権与党・統一ロシアの青年組織「若き親衛隊」は計画していた北方領土・国後島にロシア国旗を立てる示威行動を中止、在ロ日本大使館前に花を捧げた。日本人が何万人も被害にあった状況でスローガンを叫ぶことは、逆に、自らの組織（あるいは党、国家）を国際的非難の対象としかねなかった。同様に、韓国の元従軍慰安婦らで構成される韓国挺身隊問題対策協議会（挺対協）も在韓日本大使館前で開く予定だった抗議集会を、急遽、日本の被災者への黙禱と追悼の席とした。ある意味、神経戦にも似た、道義性や正当性をめぐるポリティカルな判断が働いたわけである。

二〇一〇年一月のハイチ大地震の際は、中国の災害支援の迅速さが注目を集めた。中国はハイチと国交を持たないが、地震発生後ただちに一〇〇万ドルの支援金を約束、わずか一日半で、五〇人の救助隊と二〇トンの支援物資を送り込んだ。中国は国内向けにはハイチの国連平和維持活動（PKO）に参加している自国民の保護を名分にしていたが、そこにはハイチと国交のある台湾やカリブ海におけるアメリカの影響力を削ぐ狙いもあった。一方、台湾は中国の五倍に当たる五〇〇万ドルの支援を表明した。中南米・カリブ地域には台湾が国交を持つ二三ヵ国の半数が集中している。アメリカは大規模な軍兵力とともに空母を派遣、支援金として一億ドルを出した。キューバを牽制するためにも、すぐ横に位置するハイチの友軍化はアメリカの重要な戦略目標となっている。

4　キューバの医療外交

ハリケーン・カトリーナ

しかし、そのキューバはつねにしたたかである。

二〇〇五年にハリケーン・カトリーナがアメリカ南東部を襲った際、キューバのフィデル・カストロ国家評議会議長は、ただちに一〇〇〇人以上の医師と医療用救援物資の提供をアメリカ側に申し出た。コンドリーザ・ライス国務長官は、当初、「被災地のためであればいかなる支援も拒まない」と表明していたが、キューバからの支援提供については外交的見地から拒否した。しかし、この判断には「被災者の命よりも政治を優先している」とアメリカ国内外から批判が相次いだ。アメリカ初のキューバ系連邦上院議員で、反カストロ派の急先鋒として知られる共和党の重鎮メル・マルティネス（フロリダ州選出）でさえ受け入れを求めたほどだ。

キューバにしてみれば、自国への経済制裁を続けるアメリカとの「度量の違い」を際立たせ、アメリカの対キューバ政策の不条理さを世界にアピールする絶好の機会だった。また、甚大な被害に見舞われたニューオーリンズが露呈した人種問題や経済格差は、中南米に燻る反米感情に道義的根拠を与える結果となった。

キューバの「医療外交」は近年、急速にその規模を拡大している。一九八五年の時点で二五〇〇人の医療関係者を海外派遣するなど、もともとこの分野には注力してきたが、今日で

南米医科大学（ELAM） 1999年にキューバ政府が設立．学生は南米諸国が主だが，北米，アフリカ，中東，アジアからも来ている

はその数は少なくとも一〇倍以上とされ、対象国は七〇ヵ国に及んでいる。パキスタン、インドネシア、ペルーの大地震などでもその活躍ぶりが注目された。一九九九年に首都ハバナに設立された「南米医科大学（ELAM）」では南米各地から集まった一万人以上の学生に無償で医学を教えている。キューバ全体では、実に、二万人から三万人の留学生が医学を学んでいるという。

「南米医科大学」にはアメリカからの留学生も一〇〇名ほど無償で学んでいるが、その多くが貧困地区出身で、彼らがアメリカのメディカル・スクールの高騰ぶり（授業料だけで年間五万ドル程度）を語ることが、先進資本主義諸国の経済的不平等を告発するキューバの姿勢にお墨付きを与える構図になっている（Michael Bustamante and Julia Sweig, "Buena Vista Solidarity and the Axis of Aid," in *The Annals of the*

American Academy of Political and Social Science, 二〇〇八年三月号)。マイケル・ムーア監督の映画『シッコ (*SiCKO*)』(二〇〇七年)でも紹介されたように、キューバは外国人に対しても廉価で先端医療を提供していることでも有名だ。

トルコとギリシャの関係好転

このように「アメリカに虐げられながらも、世界各地への医療支援に尽力する国」として、キューバは中南米・カリブ地域のなかで独特の道義性や存在力を示している。アメリカの政策が国内外で躓けば躓くほど、キューバのパブリック・ディプロマシーにとっては追い風となる。

さらには、ベネズエラなどから医療支援の見返りに原油の提供を受け、バイオテクノロジーの特許料や医療関連サービスによる収入が観光産業のそれに匹敵しつつあるなど、「医療外交」は、ソフト・パワーのみならず、ハード・パワーの観点からも重みを増している。

ちなみに、ハリケーン・カトリーナの場合は、キューバとアメリカの関係改善に結びつかなかったが、災害支援が外交環境を好転させた例は存在する。

トルコとギリシャが好例だ。一九九九年、トルコ西部のマルマラ地域で大地震が発生した際、隣国ギリシャはただちに救援隊を派遣した。ところが、そのわずか三週間後、今度はアテネで地震が発生、トルコの救援隊がすぐに駆けつける格好となった。この相互支援の結果、両国の関係は急速に改善し、それ以後ギリシャは、原則、トルコのEU加盟に反対しない立場をとっている。

二〇一〇年のギリシャの財政危機の際には、トルコのタイイプ・エルドアン首相がアテネに大規模な経済使節団を率いて経済協力を表明、国防費削減にも踏み込んだ。キプロス問題などでは依然として対立が続く両国だが、災害支援が、単に人道的な正義を果たしただけではなく、互いの国益をも利する結果となったことは確かだ。

5 カブールから平壌まで

ゲーテ・インスティトゥートの試み

二〇〇一年に始まったアフガニスタン戦争で、ドイツはアメリカ、イギリス、フランス、カナダなどとともに軍事行動を展開したが、当初から「軍事手段だけでアフガニスタンをタリバンから守ることはできない」として、病院や学校などインフラの建設、行政機関の整備、警察官の訓練など民生面での支援に力を入れてきた。

その一環として、ゲーテ・インスティトゥート・カブールは、二〇〇三年から映画、演劇、写真、文学の四分野への支援をはじめ、二〇〇六年からはフランス文化センターと共同で国際ドキュメンタリー・短編映画フェスティバルを主催した。アフガニスタンの映画制作者に全国交流・国際交流のプラットフォームを与えることで、才能ある若手の視野を広げ、彼らが社会復興に参加するよう促すのが目的だった。

フランスとドイツの共同文化テレビ局「アルテ」、アフガン・フィルム、アフガニスタン情報文化省なども協賛し、パリのアトリエ・ヴァランとのワークショップから生まれた『カブールの子どもたち（*Children of Kabul*）』は二〇〇九年のカンヌ映画祭にも出品された。今日ではブリティッシュ・カウンシルも加わり、参加国は九ヵ国に増えた。ゲーテ・インスティトゥートでは、同様の趣旨で、地方の演劇集団を集めた「全国演劇フェスティバル」なども主催している。

安定した市民社会の構築は、アフガニスタンにとっても、ドイツにとっても、国際社会にとっても有益であり、文化芸術を通じてそうした普遍性の高い営為を牽引することで、ドイツは自国の道義性や存在力を世界に示すことができる。まさに平和構築とパブリック・ディプロマシーが接合した好例といえよう。

ゲーテ・インスティトゥートを語る際に欠かせないのが、二〇〇四年に北朝鮮に設立された読書室「ピョンヤン・ゲーテ情報センター内ドイツ学術及び技術文献紹介所」だ。これは北朝鮮に置かれた欧米諸国唯一の文化施設であり、二〇〇一年以降、ゲーテ・インスティトゥート・ソウルが北朝鮮とドイツ間で二〇以上の共同・交流事業を運営してきた努力の賜物でもあった（北朝鮮による検閲に抗議して、二〇一一年現在、閉鎖中）。

ゲーテ・インスティトゥートは平壌国際映画祭へ出品するドイツ映画を推薦していたが、二〇〇六年に同映画祭の審査委員長を務めた著名なドイツ人映画製作者エーバーハルト・ユンカースドルフによると、そのほとんどが自由、独裁、紛争をテーマにしたものだったという（シンポジウム報告書『平和のための文化イニシャティブの役割』、国際交流基金、二〇〇九年）。

同年の最優秀映画賞はナチス・ドイツの悪名高きエリート・カレッジを描いたドイツ映画『*Napola*（邦題「エリート養成機関　ナポラ」）に与えられた。この映画祭は非同盟諸国間の親善・文化交流を目的に、平壌での定期開催を申し入れたことを契機として、一九八七年からほぼ隔年開催されているが、二〇〇六年には上映された七三の映画のほぼすべてが売り切れ、毎日一万二〇〇〇人以上が訪れたという。この点について、ユンカースドルフは次のように述べている。

彼ら〔＝聴衆〕が支払ったのか、または支払わずに映画を見るよう委託されたのかは私

平壌国際映画祭　2010年の閉幕式で

には判りませんでした。しかし、このことは私には何ら重要ではなく、もっと重要なのは彼らが、自由がないこと、人権侵害、検閲、言論の自由の欠如、また軍事的独裁を扱う批判的映画を見ることができたという事実でした。私が確信していることは、知的な聴衆には、自分の国についてのある種の推論が実際に伝わり理解されたということです。

（同右、三六頁）

災害支援や平和構築といった分野以外にも、女性の権利、児童の権利、先住民の権利、宗教的・文化的寛容、移住、教育、貧困、飢餓、麻薬、組織犯罪、テロ、軍縮、核拡散、エネルギー、水、食糧、気候変動など、「ヒューマン・セキュリティ（人間の安全保障）」に関わる問題は山積している。このなかに自国とは無縁の問題が一つもないという国は存在しない。

今日の国益は、市民社会から国際社会に至るまで、配慮すべき公益が多様に重なり合うなかで形成されており、国益と国際益が切り離せない場合、つまり、国益のなかに国際益が含まれるような局面も増えている。パブリック・ディプロマシーによって、国益のみならず、国際益を高めてゆくことも可能であるし、逆に、国際益ないし国際公共性に関わる活動に取り組むことで、自国の道義性や存在力を示してゆくことも可能だ。

6 「早い情報」と「人の移動」

外交空間の「ユビキタス化」

もちろん、「国際益」や「国際公共性」という言葉はつねに留意を要する。それが(狭義の)国益のカモフラージュ、あるいは「強者の論理」にすぎないことも珍しくないからだ。外交空間が「ユビキタス化」しつつある今日、パブリック・ディプロマシーを通したそうした価値の追求についても、さまざまな障壁が待ち受けている。

オーストラリアでは国家の公式の政策として「多文化主義」を謳っている。多文化主義は

クロナラ暴動 2005年12月，シドニーのクロナラビーチで起きたレバノン系住民に対する白人による暴行事件

「差異への承認」や「差異への権利」を強く志向する点で、多様な価値観により開かれた、普遍的な道義性と正当性を内包する立場である。同国は「国家のブランディング」にも熱心だ。

しかし、例えば、二〇〇五年にシドニーで発生したレバノン系住民に対する白人の暴動（クロナラ暴動）が、その衝撃的な映像とともに全世界へと報じられると、それまでのパブリック・ディプロマシーによるイメージ戦略は一瞬にして水の泡と化してしまう（もっとも、イメージ低下に歯止めをかけることができるのもまた、それまでのパブリック・ディプロマシーの蓄積があればこそという見方もできるが）。

あるいは、東日本大震災から三週間余り経った頃、菅直人政権は震災直後から着ていた防災服を通常のスーツ姿に戻している。海外に「東京も危ないのか」というイメージを与え、人の往来のみならず、広く経済活動にも影響を及ぼしかねないことから、政権の取り組みが「復興段階」に移ったことを印象づけるためである。

しかし、こうした巧みな演出もただちにメディアの目にとまるところとなり（例えば、二〇一一年四月四日付の朝日新聞）、在京特派員やブロガーなどを通してすぐに海外に伝わってしまうのが「ユビキタス化」時代の特徴だ。近年、各国は、主要メディアのみならず、著名ブロガーなどへのアウトリーチも強化しているが、あくまで個人主体、かつ百花繚乱の世界ゆえにおのずと限界もあるようである。

文化人類学者・青木保（元・文化庁長官）の指摘するこうした「早い情報」の影響力増大と密接に関連しているのが、現代がかつてないほど「人の移動」が激しい時代だという点だ。旅行や留学、駐在、移住などで海外にいる者が、インターネットの情報端末を通して現地の状況を気軽に伝えるさまは、もはや完全に日常的光景となっている。いわば、そうした個人一人ひとりが「特派員」や「広報官」になっているのである。クロナラ暴動の様子をいち早く携帯カメラに収めてしまうのが彼らであるならば、オーストラリアが決して人種対立だけの社会ではないことを発信できるのもまた彼らである。近親者からの情報であればあるほど、メディアや政府が伝えるよりも、その信用度は増す。

離散コミュニティ

その意味で、難民や移民など離散コミュニティ（ディアスポラ・コミュニティ）の影響力は看過できない。例えば、アメリカのメイン州で二番目に大きい都市ルイストンには、近年、ソマリアからの難民が大量流入しており、人口三万八〇〇〇人のうち三〇〇〇〜四〇〇〇人を占めるに至っている。かねてよりアメリカ政府はソマリア難民をアトランタ近郊に受け入れていたが、治安がよくない地域だったこともあり、せっかく戦争を逃れてきたにもかかわらず、新天地アトランタでも緊張の日々を強いられていた。

ところが、二〇〇一年頃、「ルイストンという町は治安がよく、学校教育も充実している」という〝噂〟が突如広まり、皆、たしかな情報を持たぬまま移住を開始、噂は容易に国境を越え、やがてソマリア本国からも難民が訪れるようになった。白人が人口の九五％を占めていたルイストン——かつて繊維工業で栄えたが、斜陽化して久しい——の人びとにとってはまったく寝耳に水であり、今日でも不満や軋轢が存在する。

その一方、ソマリア人は世界各地に同胞ネットワークを張り巡らしており、彼らがルイストンで始めた零細ビジネスは、すぐにトランスナショナルな広がりを見せ、着実に利潤を生み始めた。今日では、彼らのおかげでルイストンに新たな雇用や産業が生まれ、町が再び活性化の兆しを見せ始めている。政府の情報や支援よりも、同胞コミュニティの〝噂〟やネットワークのほうが勝ったというわけである。

第二次世界大戦中、イギリスはポーランド系やチェコ系の難民を活用し、日本占領中、アメリカは日系移民を活用した。冷戦中、イタリアの選挙で共産主義勢力が躍進しそうになると、アメリカはイタリア系アメリカ人のコミュニティに働きかけ、祖国イタリアへ向けて大量の手紙を書かせたこともある。日本でも朝鮮総連（在日本朝鮮人総聯合会）を介した在日朝鮮人と北朝鮮との関係がしばしば指摘されるが、ユダヤ系（シオニスト系）アメリカ人とイスラエルとの関係など、離散コミュニティと祖国の政府（あるいは利益団体）が緊密なネットワークを保持することは決して珍しくない。パブリック・ディプロマシーにとって離散コミュニティは重要なターゲットでありツールとなっている。

ユダヤ系団体の政治的動員力はとりわけ強固で、例えば、アメリカの政治家にとって、反イスラエルの立場を表明することは、集票や資金集めにおいて、大きな逆風にさらされることを意味する。政治学者ベネディクト・アンダーソン（コーネル大学教授）の指摘する「遠隔地ナショナリズム（long-distance nationalism）」そのものであり、活発なイスラエルのパブリック・ディプロマシーの源泉となっている。

二〇一〇年には、パレスチナのガザ支援船へのイスラエル軍による襲撃事件を受けて「イスラエルのユダヤ人はポーランドでもドイツでもアメリカでも、どこへでも帰ればいい」と発言したホワイトハウス担当の長老名物記者ヘレン・トーマス女史に対してユダヤ系団体「名誉毀損防止同盟」（ＡＤＬ）などが「反ユダヤ主義だ」と猛反発、女史がジャーナリスト引退に追い込まれる一幕もあった。二〇〇九年、オバマ大統領は格調高いカイロ演説のなかで「アメリカとイスラム世界の和解」を求めた。しかし、こうしたシオニスト系離散コミュニティの厳然たる影響力が想起されるとき、パブリック・ディプロマシーの一環として全世界へ衛星中継されたその「物語」の輝きもつい色褪せてしまう。

オバマ米大統領のカイロ大学での演説（2009年6月4日）
アメリカとイスラム世界の和解を求めた

海外インド会議（2010年）

インドも離散コミュニティへの働きかけには積極的だ。世界各地に三〇〇〇万人以上いるとされる在外同胞とのネットワークを強化すべく、二〇〇三年から「在外インド人の日（Pravasi Bharatiya Divas、海外インド会議）」を設け、毎年一月、インド系の政治家や経営者、学者など、五〇ヵ国以上から一五〇〇人近くを招聘している。二〇〇四年には在外インド人省（Ministry of Overseas Indian Affairs）が設立され、インド系移民の若者を対象に「インドを知るプログラム（Know India Program）」を年に数回開催、毎回約三〇人を一ヵ月近く招聘し、祖先の村への訪問、インド全国から集まった若者との共同キャンプ、大統領や大臣との面会、企業や研究機関への訪問などを実施している。

ちなみに、国際交流基金も外務省と協力して、二〇〇〇年以降、日系アメリカ人の若手・中堅リーダーを毎年一〇〜一五人程度招聘している。訪日期間は一週間で、東京、京都、地方都市を訪れ、各界の指導者、有識者との意見交換を行う一方、日本の伝統芸能にも触れている。

7　メタ・ソフト・パワー

「器の大きさ」と「自省力」

グローバルな情報やネットワークの影響力が顕在化し、一元的な情報やイメージの管理が難しくなるなか、パブリック・ディプロマシーそのものの魅力や信頼性、正当性もますますその真価を問われ、精査され、競われるようになっている。もちろん、この世にユートピアが存在しないように、負の現実を持ち合わせない社会も、無謬の政策も存在しない。そうした現実を意図的に隠蔽し、都合よく脚色することはもはや完全なる時代遅れであり、むしろ自らを批判できる「器の大きさ」や「自省力」、あるいは透明性や対話力といったものが、メタ（上位の）・ソフト・パワーを構成するようになっている。

BBCの国際放送の人気番組の一つに「あなたならどう思う？（World Have Your Say）」がある。BBCが設定した旬のテーマをめぐって、世界中の視聴者や利害関係者、政府関係者、メディア関係者らが、電話やブログ、ツイッター、フェイスブックなどを通して、自由闊達に討論するセッションや、著名人や専門家が世界各地の視聴者からの質問に答えるセッションなどで構成される一時間のマルチメディア番組だ。国際放送といっても編集権への政治介入は一切なく、ときにはイギリス政府やBBCへの批判も公然と行われる。

二〇一一年二月にはミャンマー（ビルマ）の民主化運動指導者アウン・サン・スー・チーがラングーンから出演し、初めて生放送で視聴者からの質問に答えている。彼女は計一五年以上にわたって自宅軟禁されてきたが、国営テレビや新聞は一切見ず、国内情勢の把握のためにBBCやノルウェーの「ビルマ民主の声」などビルマ語のラジオ放送を毎日五、六時間聴取しているという（『朝日新聞』二〇一〇年一一月二五日付）。

一九八〇年代にブラジルで原子力発電所の安全性が問題になった際、ドイツのゲーテ・インスティトゥートは、この問題に関するシンポジウムを企画した。ところが、ブラジルの原子力発電所建設にはドイツ企業も多く関係していたため、ドイツの国益に反するようなシンポジウムをゲーテ・インスティトゥートが開催することへの反発があがった。しかし、ゲーテ・インスティトゥートは、あえてオープンに議論することで「自由で独立した民主主義国家ドイツ」というイメージを打ち出せると判断、開催に踏み切り、高い評価を得た。

東日本大震災の際、東京電力、経済産業省原子力安全・保安院、原子力安全委員会、官房

長官がそれぞれに会見を開き、微妙に違う内容を公表したことからさまざまな混乱が生じた。その結果、世界全体の関心事である原発事故に関する情報が日本政府や東京電力によって隠蔽されているのではという疑念が海外でも高まった。そのことが、海外における風評被害を減らすという意味だけではなく、透明性や信頼性という観点からも、日本にとって大きなマイナスとなったことは言うまでもない。自由で独立した民主主義国家であることは、メタ・ソフト・パワーにおいて有利な条件であるが、それだけでは決して十分条件とはいえない。

第Ⅲ章　懐疑

1　文化国際主義の精神

リベラル派からの懐疑

パブリック・ディプロマシーについては懐疑的な見方が存在しているのは確かだ。とりわけ、リベラル派と保守派それぞれからの批判については根強いものがある。

リベラル派からの批判の典型は「文化国際主義（cultural internationalism）」の立場に立脚したもので、パブリック・ディプロマシーによって担われる情報や文化の「政治性」や「戦略性」を問題視する。

この立場によれば、パブリック・ディプロマシーがどれだけ「国際益」や「国際公共性」を標榜したところで、それらは所詮「国益」や「権力」に絡めとられたものであり、「市民交流」や「異文化交流」から連想される博愛主義の精神とは相容れないことになる。真に目指すべきは「政府の政治的及び経済的取極のみに基づく平和は、世界の諸人民の、一致した、しかも永続する誠実な支持を確保できる平和ではない」と謳ったユネスコ憲章に象徴される「万人のための基礎教育」や「文化の多様性の保護および文明間対話の促進」を目的とする活動、あるいはそれに準ずるものというわけだ。

その意味で、ロータリーやライオンズなどの奉仕クラブ、ビル&メリンダ・ゲイツ財団やフォード財団のような事業財団、ザルツブルグ・グローバル・セミナーやアスペン・インスティテュートなどの知的対話促進セミナーなどは文化国際主義の精神を体現した代表例といえよう。他にも同様のリベラルな精神に連なる研究所、シンクタンク、財団、市民社会組織（CSO）、宗教組織は世界各地に存在している。

例えば、スペインのバレンボイム・サイード財団が運営するウエスト・イースタン・ディヴァン・オーケストラ。アルゼンチン系イスラエル人のピアニスト兼指揮者ダニエル・バレンボイムと、パレスチナ系アメリカ人の学者エドワード・サイードが、イスラエルとアラブ諸国の人々の相互理解を深めるために一九九九年に設立したオーケストラである。参加資格年齢は一四歳から二八歳までで、エジプト、イスラエル、ヨルダン、レバノン、パレスチナ、シリアなどから若手音楽家が参加している。この協力はスペイン政府から提供される外交旅券によって可能になっており、二〇〇五年には、パレスチナ自治区ラマラで歴史的なコンサートが開催された。音楽が紛争を止めるわけではないが、対立点ばかりに目が奪われがちな日常にあって、次世代を担う若者、そして聴衆が、ごく一瞬でも感動を分かち合える場を創出したいという想いがそこにはある。

ジョージ・ケナン（1904〜2005）　知的交流計画で国際文化会館を訪れた折，1966年

あるいは、東京の国際文化会館などが挙げられよう。〝アイハウス（I-House）〟の名称で親しまれている同館は、太平洋戦争で断絶した日米間の文化交流・知的対話を民間レベルで修復することを目的に、ロックフェラー財団の総帥・ジョン・ロックフェラー二世の長男ジョンと国際ジャーナリスト松本重治の協力により一九五二年に設立された。日本を親米化しようとするアメリカ側の意図がその背景にあったことは確かだが、狭い国益や短期的な政治関係の枠組みにプログラムをはめ込むべきではないとの信念を二人は共有していた。日米の民間レベルの政策対話の場として名高い「下田会議（日米関係民間会議、一九六七〜九四年）」は、当初、政府から完全に独立した日本の団体として国際文化会館に協力を打診したが、同会館は、会議においてなされる議論が安全保障における日本の積極的な役割を認めるものになる可能性を懸念し、共催を拒否している。設立当時は日米関係を基軸としていた国際文化会館だが、

一九六〇年代後半からはアジア近隣諸国へとネットワークを拡大していった。ちなみに、宿泊施設を備えながら、自主的な国際交流事業を展開している民間組織は、世界的にも稀である。

ナショナリズム強化への懸念

フルブライト奨学金を創設したアメリカのフルブライト上院議員がこうした文化国際主義の精神の持ち主だったことは序章で紹介した。晩年の著書のなかで、同議員は教育・文化交流への想いを次のように綴っている。

伝統や慣習に対して何か大それたことができると考えるのは甘すぎるかもしれないが、それまでの経験や置かれた諸条件の前に何もできない存在だと甘んじるわけにもいかない。〔中略〕自分に何ができるか考えを重ねてきたが、私に希望を与えてくれるものの一つは、教育交流プログラムの根底にある精神である。その精神とは、端的にいえば、教育交流プログラムへの参加を通じて他国の文化――なぜ彼らがそう行動し、思考し、反応するのか――や異文化間の違いについて何かしら感じ取り、理解しているリーダーを世代ごとに――とりわけ大国に――養成することで、国際関係を改善し、戦争の危険を低減できるという信念だ。異文化理解教育を通じて、人びとが平和共存のための方法と手立てを身につけることは可能なのである――十中八九とまではいかなくとも、可能なのである。

（*The Price of Empire*, 一九八九年、一九二〜一九四頁）

こうした文化国際主義の精神はイマヌエル・カントの思想のなかにも見て取れる。

この地表で住むことが不可能な部分、つまり大洋や砂漠は、〔中略〕人間相互の交際を阻んでいるが、それでも船やラクダ（砂漠の船）は、ひとびとがこの無主の地域をこえて互いに近づくことを可能にし、人類に共通に属している地表の権利を、生じてくる交際のために適用することを可能にしているのである。〔中略〕このような仕方で、遠く離れた諸大陸も互いに平和な関係を結び、この関係はついには公けで法的なものとなり、こうして人類を結局は世界市民的体制へと次第に近づけることができるのである。

（カント『永遠平和のために』一七九五年、宇都宮芳明訳、岩波書店、一九八五年、五〇〜五一頁）

文化芸術には、本来、世界や人間の見方、あるいはその意味付けの仕方に斬新な視点をもたらすことで、私たちの認識の境界線を押し広げてくれる力があるが、カントの考えに立てば、そうした文化芸術の交わりを通して育まれる共通の感覚（共感）こそが本質的なのであり、「心と精神を勝ち取る」ための手段と見なすことは「武器を文化に持ち替えただけ」にすぎないことになる。とりわけ目の前の政策論（外交政策や通商政策）に文化芸術や教育・文化交流が絡めとられるとき、本来のインターナショナルな精神がナショナルな次元に矮小化されてしまう、あるいは（狭義の）ナショナリズムの強化につながるという懸念は根強い。

ジョセフ・ナイの提唱するソフト・パワー論に対する違和感の多くも、実はこの点に由来している。ソフト・パワーとは、強制や報酬ではなく、国の魅力によって望む結果を得る能力であり、具体的には、その国の文化、政治的な理想、政策の魅力を指すが、その要諦は、あくまで〝政策目標遂行〟のためのガバナンス・コストを下げる点にある。こうした枠組みのなかに「文化」を位置づける発想そのものが文化国際主義とは相容れないことになる。

また、基本的に国家戦略を軸に据えていることから、ソフト・パワー論には「国家」と「文化」を単純に重ね合わせてしまう危険性――つまり、それぞれの国内におけるイデオロギーや利害の対立、あるいは社会・文化的な多様性や多声性を捨象したまま「国家」と「文化」を一括りに論じてしまう危険性――も伴う。

グローバル化のなかで「文化」のトランスナショナルな脱領域性が指摘され、かつ文化理論の分野において「文化」概念の脱中心化・脱構築化が進むなか、ソフト・パワー論は旧来の本質（原初）主義的でナイーブな「国民文化論」を再生産しかねない。その意味で、文化人類学者アン・アリソン（デューク大学教授）が、日本発のポップカルチャーが、アメリカの若者の間では必ずしも「日本」のものとしては認識されていない様子を描き出した研究は興味深い（*Anne Allison, Millennial Monsters*, 二〇〇六年）。

2　包摂された文化人類学

戦時の協力

文化国際主義の矮小化という点では、実は、私の母体領域である文化人類学も少なからぬ責任を負ってきた。

例えば、フランクリン・ルーズベルト大統領は、第二次世界大戦中、それまで存在したすべての戦時情報活動機関を大統領直轄の戦時情報局（ＯＷＩ）に統合し、事実に基づく公然情報を扱う「ホワイト・プロパガンダ」を担わせたが、文化人類学の書としては異例のミリオンセラーとなった『サモアの思春期』（一九二八年）や『文化の型』（一九三四年）をそれぞれ著したマーガレット・ミードとルース・ベネディクトもそこで勤務した。その成果として生まれたのが、アメリカ人の国民性を分析したミードの『火薬をしめらせるな』（一九四二年）であり、アメリカの敵国（ドイツやルーマニア、日本など）の国民性を分析したベネディクトの作品である。ベネディクトが一九四五年に書いた報告書「日本人の行動パターン（Japanese Behavior Patterns）」が、翌年、『菊と刀』として出版され、アメリカの対日占領政策のみならず、戦後の日本人の自己認識に多大な影響を与えたことは周知の通りである。

他にも、『須恵村』（一九三九年）の研究で知られるジョン・エンブリーや、『人間のための鏡』（一九五二年）で有名なクライド・クラックホーンなど、当時のアメリカの文化人類学者の約半数が常勤、約四分の一が非常勤として、それぞれ戦争遂行に協力した（George Stocking, *A Franz Boas Reader*, 一九七四年）。

ミードは人類学者の果たした役割について、次のように述懐している。

人類学の知識を確実に適用することで重

ルース・ベネディクト（1887～1948）

大な貢献をなしえた、ともわたしたちは確信していた。たとえば太平洋戦争終結のための第一の条件として日本の天皇の退位を強硬に主張しないという決定、ヨーロッパと太平洋における終戦後の占領政策、諸外国の復興、そしていうまでもなく合衆国の道徳、これらにはすべて人類学の知識が適用されたのだった〔中略〕戦時体験は人類学者の責任について、より成熟した感覚をわたしたちにさずけていた。こうしたことがらを基礎に、わたしたちは研究に着手した。

（マーガレット・ミード『人類学者ルース・ベネディクト』松園万亀雄訳、一九七七年、一一六頁）

ベトナム戦争中の一九六五年には、アメリカで「キャメロット計画」が発覚、国際的なスキャンダルとなった。キャメロット計画とは、共産ゲリラなどの革命勢力を封じ込めるための対反乱支援作戦（counter-insurgency）の一環として、アメリカ陸軍が文化人類学者を含む社会科学者を大量動員しようとしたもので、一九六四年に立案された。アフリカやアジア、中南米を含む三一ヵ国を対象に、六〇〇万ドルもの予算が当てられた大規模なプロジェクトだったが、発覚後、学会の内外から激しい非難が沸き上がり、やがて廃止された（Irving Horowitz, ed., *The Rise and Fall of Project Camelot*, 一九六七年）。

CIAからの勧誘

二〇〇一年の同時多発テロ事件後、アメリカ中央情報局（CIA）はパット・ロバーツ・インテリジェンス・スカラーズ・プログラム（PRISP）やインテリジェンス・コミュニティ・スカラーズ・プログラム（ICSP）といった奨学金制度を通して、文化人類学や地域研究を専攻する学生の確保に乗り出しており、学会の内外でその是非をめぐる論争が繰り広げられている（例えば、*American Anthropological Association, Anthropology News,* 二〇〇七年五月号）。

PRISPは、元CIA長官スタンスフィールド・ターナーとカンザス大学の人類学者フエリックス・ムースによって二〇〇三年に設立された（名が冠されているパット・ロバーツはカンザス州選出の共和党上院議員で元・上院情報特別委員会委員長）。アメリカ人類学会（AAA）の求職データベースには、二〇〇五年の一〇月から博士号取得者を求めるCIAの公募が掲載されている。

加えて、アメリカ陸軍は、文化人類学を中心とする社会科学者を軍に同行させて情報収集などに協力させる「人的形勢システム（Human Terrain System, HTS）」の運用を二〇〇六年から開始している。これは文化人類学のフィールドワークの手法を利用しながら、イラクやアフガニスタンなどのテロ多発地域で「なぜ子どもたちは米軍に石を投げつけるのか」「どこに新たな道路をつくるのがよいか」「米軍はどの部族と話をするのがよいか」などと地元住民に問うことで人的情報や地域情報を入手し、現地におけるオペレーションを円滑に進めようとするプロジェクトである。

アメリカ人類学会の理事会は、こうした活動が学会の倫理規則に抵触する可能性があるとともに人類学者を危険に曝しかねないとして、HTSに反対する見解を表明している。

もっとも、学術動員は文化人類学やアメリカに限った話ではない。文化人類学が統治のための科学として絡めとられてきたという批判は古くから存在する。例えば、はしがきで紹介した社会人類学者ブロニスロウ・マリノフスキー（ロンドン・スクール・オブ・エコノミクス教授）は、現地の伝統的政治機構をできるだけ利用して円滑な植民地経営を図ろうというイギリス政府の間接統治政策を全面的に支持し、そのための「無理のない変化」の実現へ向けた仲介役を自任していた。

こうした政治的関与――いわゆる「応用的実践」――に対しては、学問の中立性や客観性に反するという批判が絶えない一方、フィールドにおける現実的諸問題に対して何らかのコミットメントを拒否することは現行システムの黙認にすぎないという反論もある。ここでは倫理的な是非を問うことよりも、文化国際主義の象徴ともいえる文化人類学でさえ、ナショナルな政策論のなかに包摂されてきた事実を指摘するにとどめたい。

3　普遍主義の傲慢

文化人類学からの警鐘

これらはあくまで文化人類学の断面であって、全体ではない。むしろ、差異や多様性に着目することで、進化主義や人種主義、西洋中心主義、自文化中心主義、植民地主義の批判を行い、拙速な文化国際主義に足払いをかけ続けてきたのも文化人類学である。「野蛮人とはなによりも先ず、野蛮が存在すると信じている人なのだ」と喝破したフランスの文化人類学者クロード・レヴィ＝ストロースは、ユネスコから刊行された小冊子『人種と歴史』（一九五二年）のなかで、こう述べている。

千年の歴史、また、その寄与を実現しようとしたひとびとの思想や苦悩や欲望のすべての重みを担った文化的諸寄与を、なお内容空疎な一個の形式である世界文明を規準にして評価しようとすることは、それらの寄与をたいへんに貧しいものにし、その実質を失

わせ、そして肉の落ちた形骸だけを残すことであろう。　　　（六八頁）

例えば、アマゾンの最深部で一万年以上、独自の文化・風習を守り続けているヤノマミ族。文化人類学の教科書でもしばしば取り上げられる部族だが、NHKはブラジル政府、および部族の長老七名との一〇年近い交渉の末、TV局として初めて長期（のべ一五〇日間）の同居を許され、二〇〇九年に『ヤノマミ〜奥アマゾン　原初の森に生きる』として放送、各界から高い評価を得た。

番組は、一四歳の少女が、部族の伝統に従って森のなかで出産したばかりの赤子を「人間」としてではなく「精霊」として天上に送ることを決意し、赤子を白蟻の巣のなかに入れた後、肉を食べ尽くす白蟻ごと焼いて葬るという、衝撃的なシーンから始まる。

ヤノマミ族の少女が行っているのは「人殺し」だろうか。いつから人は「人間」となるのだろうか。人権や生命をめぐる、ごく基本的な認識でさえ私たちとは共有されていない。こうした差異や多様性を私たちはどこまで受け入れるべきだろうか。そして、受け入れることができるのだろうか。「ヤノマミ」とは「人間」を意味し、取材班が「ナプ（ヤノマミ以外＝〝人間以下〟）」と称されていたのが印象的だった。

彼らがアマゾンの奥地にいる限り、あるいはごく少数の集団である限りにおいて、私たち

ヤノマミ族　ブラジルとベネズエラに広がるジャングルに住む原住民族.
総人口は２万人（推定）

は「寛容」の側にいられるかもしれない。しかし、すぐ近くに、大規模に居住していたとしたらどうだろうか。どこまで「文化の多様性」を尊重する立場を貫けるだろうか。こうした視点や問題点を提起することで、文化人類学は安易な文化国際主義や普遍主義の傲慢を諫める役目を担ってきた。アメリカの文化人類学者クリフォード・ギアツはそれをこう巧みに表現している。

私たちは世界のバランスを崩そうとしてきました。かなりうまくいってきたように思います。絨毯を引っ張り、お茶のテーブルをひっくり返し、爆竹を鳴らしてきました。確信を持てるようにするのが他の人たちの仕事、確信を持てなくするのが私たちの仕事です。〔中略〕私たちは変わったものを売り歩き、奇妙なものを商います。驚きをもたらすものの商人です。

（クリフォード・ギアツ『解釈人類学と反＝反相対主義』小泉潤二編訳、二〇〇二年、九一頁）

イギリスの思想家アイザイア・バーリンは、その有名な講演「理想の追求」（一九八八年）において、絶対的な理念のあくなき追求がもたらす陥穽に対して警鐘を鳴らした。保守であれ、リベラルであれ、極端なイデオロギーのもとに「理想の追求」を急ぐときほど、大いなる災いがもたらされることは、歴史の証明するところでもある。バーリンはカントの「人間性という歪んだ材木からは、真直ぐなものはかつて何も作られなかった」という言葉を愛好したが、文化国際主義や普遍主義を誇示する誘惑に駆られたときほど、かえって自らを批判できる「器の大きさ」や「自省力」、すなわちメタ・ソフト・パワーが求められるのかもしれない。

例えば、ユネスコ憲章の精神を体現化した制度の一つに世界遺産条約（「世界の文化遺産及び自然遺産の保護に関する条約」）がある。しかし、文化行政に詳しい根木昭（東京芸術大学教授）は、二〇〇七年に世界遺産に登録された「石見銀山遺跡とその文化的景観」の審査過程

アイザイア・バーリン（奥右から2人目）　奥右から加藤周一，バーリン，松本重治，丸山眞男．国際文化会館で，1977年

を踏まえたうえで、文化遺産候補を評価する国際記念物遺跡会議（ICOMOS、イコモス）の価値判断の底流には、依然として西洋中心主義や東西文化の多様性についての理解不足があると指摘する。そのうえで「今後、日本としては、世界遺産条約、無形文化遺産条約への貢献をさらに進めるとともに、欧米の影響が強いこれらの条約の運用に、日本ないしアジア的価値観が反映される道を開いていくことが必要である」としている（根木昭『文化政策学入門』二〇一〇年、一五七頁）。「日本的価値」や「アジア的価値」という言説の政治性には十分に留意する必要があろうが、文化国際主義の限定性に対するこうした鋭敏な感覚は極めて重要だ。

ときには、文化国際主義であれ何であれ、「文化」という世界や人間の見方、あるいはその意味づけの仕方に関わる実存的な領域に、政府ないし権力が介入すること自体が不純・危険だとする声も聞かれる。そうした文化の政治性に対する批判的な視点は大切だが、文化の真正性や純粋性を前提とする発想・言説そのもの自体が、すでに実体から乖離した政治性を帯びてしまっている可能性については留意したい。

保守派からの懐疑

ところで、文化国際主義については保守派からの懐疑がつねに存在する。仮に文化国際主義が目指すべき目標だとしても、そこに象徴される博愛主義の時代などこれまで存在したことはない。それはあくまで根拠のない「願望」ないし「信仰」にすぎないのであって、さまざまな利害や権力がうごめく現実世界を依拠させるにはあまりに脆く、リスクが高いというわけだ。

その意味で、リベラル派にとってはパブリック・ディプロマシーが「十分に文化国際主義的ではない」ことに違和感があるように、保守派にとってはパブリック・ディプロマシーが「あまりに文化国際主義的である」ことが不安材料となる。かつてアメリカのニクソン大統領は議会指導者たちとの会合で「フルブライト・プログラムによって数名の学者を外国に派遣すれば平和は達成されると信じているアメリカ人もいるかもしれないが〔中略〕、それでは平和は達成できない。夢想的ではなく現実的な見方を通してこそ、戦争を防ぐことができるのだ」と喝破したが、まさにそうした不安を言い表しているといえよう（入江昭『権力政治を超えて』篠原初枝訳、一九九八年、一九七頁）。

ソフト・パワー論の提唱者であるナイ本人でさえ、「北朝鮮の独裁者・金正日がハリウッド映画の愛好家だからといって、そのことが核開発に関する彼の決定に影響を与えることはまずない」と述べたうえで、ハード・パワー（軍事力や経済力）を背景にした外交の有効性や必要性を認めている（『ボストン・グローブ』紙、二〇〇六年八月一九日付）。

とはいえ、軍事力行使の政治的リスクや社会的コストが上昇しているのも確かだ。核兵器はあまりに破壊力が強すぎて、実戦での使用がためらわれるものになっている（核を持たない北ベトナムは核大国のアメリカに勝利しているし、非核保有国のアルゼンチンは核保有国であるイギリスの領土フォークランド諸島を攻撃している）。

世論や議会も人的損害や経済的負担に対しては敏感になっている。国際的な経済関係では多極化と相互依存が進み、特定のアクターが覇権的な影響力を握ることはますます困難になっている。ハード・パワーのみが「現実」を構築していく時代ではもはやない。その意味で、伝統的なリアリスト（現実主義者）とされるイギリスの歴史家E・H・カーが『危機の二十年』（一九三九年）のなかで、国のパワーを軍事力、経済力、世論を動かす力（power over opinion）の三つの複合体として捉えていることはあらためて想起されてよい。

「世論を動かす力」としての文化や規範、価値といった概念は、計量主義的側面の強いネオ・リアリストの台頭とともに軽んじられてしまった（Kenneth Waltz, *Theory of International Politics,* 一九七九年）が、それらはまさに「ソフト・パワー」の源泉であり、「世論を動かす力」とは「心と精神を勝ち取る」ことに他ならない。

ナイが好んで指摘するように、イラク戦争の際、国内の反米感情への配慮から、トルコはアメリカ軍の基地使用を認めず、結果的に、アメリカ軍のイラク攻撃の選択肢が制限される格好となった。ソフト・パワーを軽んじることは、ハード・パワー行使の正当性を揺るがし、かえって政策目標遂行のためのガバナンス・コストを高めることになりかねない。

4　文化国際主義との接合

プロパガンダとどう違うのか

リベラル派からの懐疑に話を戻すと、これまで文化国際主義とパブリック・ディプロマシーが必ずしも相容れなかったわけではない。例えば、四歳のときにエジプトから両親とともにアメリカへ移住し、英語とアラビア語に堪能なディナ・ハビブ・パウエルは、ジョージ・W・ブッシュ政権下で教育文化担当の国務次官補に任命されたが、「パブリック・ディプロマシーとプロパガンダはどう違うのか」という『ダラス・モーニング・ニュース』紙（二〇〇七年四月二二日付）の質問に対して、次のように答えている。

一例をご紹介します。リンドン・ジョンソン政権下でパブリック・ディプロマシーの責任者だったレオナルド・マークスから聞いた話です。ある日、大統領はアメリカを訪れたエジプト人の若者一行と面会したのですが、そのなかの一人がこう発言しました。「実は、自分はアメリカを訪れるのが怖くて、反米的でさえありました。しかし、今回、それがプロパガンダにすぎなかったことがよく分かりました。エジプトに戻ったら、皆に、アメリカは自由を愛する国だったと伝えておきます」。それを聞いてマークスはこう返事したそうです。「サダトさん、あなたがアメリカを訪れてくれたことを誇りに思います」。それはのちにエジプト大統領となったアンワル・サダトの最初の訪米だったのです。彼はありのままのアメリカを見ました。そして、やがてエジプトがアメリカかソ連のいずれかを選択しなければならなくなったとき、彼は私たちを選んだのです。これがパブリック・ディプロマシーの一つのやりかたです。

情報活動（政策広報や国際報道）と文化活動（文化外交や交流外交）を比べた場合、前者が「早い情報」を扱い、後者が「遅い情報」を扱うと区別することができるが、いずれの場合も双方向性が担保されているほど、一元的な情報やイメージの管理は難しくなり、「プロパガンダ」とラベリングされるリスクは低減する。前章で紹介したBBCの国際放送の人気番組「あなたならどう思う」やゲーテ・インスティトゥートがブラジルで開催した原子力発電所の安全性に関するシンポジウムはその好例だ。

いや、サダトを招いた交流プログラムも、世界各地の視聴者が参加する討論番組も、自国への批判が予想されるシンポジウムの開催も、究極的にはプロパガンダなのかもしれない。しかし、その場合、「プロパガンダ」ではないことが最良のプロパガンダ――あるいはパブリック・ディプロマシー――となっており、そうした活動によって、わずかでも相互理解が深まり、文化国際主義の目指す理想へと近づいているともいえる。

重なり合う精神

とりわけ、前章で指摘したように、国益と国際益が切り離せない場合、つまり、国益のなかに国際益が含まれるような局面が増えていることや、自らを批判できる「器の大きさ」や

「自省力」がより問われるようになっていること、そして、より普遍性の高い、「人間」としてのニーズや感情に応える活動との接合が深まっていることなどを勘案するとき、パブリック・ディプロマシーと国際文化主義を二項対立的に捉える必要性はさらに弱まっていると考えられる。

例えば、次章で見るように、日本の国際交流基金では、近年、戦争・紛争や自然災害の被害を受けた人びとの心を癒し、精神的な立ち直りを後押しするような交流事業や、そうした人びとの生活基盤である地域コミュニティの再生を支援する交流事業を展開しているが、これらの事業は文化国際主義の精神にも重なり合うものであり、パブリック・ディプロマシーであるという理由だけで否定するのは、短絡的かつ時代錯誤的であると思われる。

さらに、現在、ゲーテ・インスティトゥートやフランス文化センター、ブリティッシュ・カウンシル、アフガニスタン情報文化省など九ヵ国が支援しているカブール国際ドキュメンタリー・短編映画フェスティバルのように、志を同じくする複数のアクターが協働する例も珍しくなくなっている。そうした協調や調整を通して、狭い国益で動いているとの批判を和らげ、より信頼性や普遍性を高めることもできるだろう。

同じことは民間との協働についてもいえる。例えば、米国務省が行っている「インターナショナル・ビジター・リーダーシップ・プログラム（ＩＶＬＰ）」は、毎年、世界各地から四〇〇〇人以上の若手リーダーを招聘し、そのなかから国家元首経験者が三〇〇人以上——日本では海部俊樹、細川護煕、菅直人の各首相——も輩出されている有名なプログラムだが、選考そのものは大使館が行うものの、アメリカに到着した後は、すべて民間のボランティア団体が世話をしている。つねに政府関係者が同行しているようなプログラムは相手を威圧してしまうという考えからだ。

5 国益の論理

他国との競合

しかし、こうした接合が見られるとしても、はしがきや序章で紹介したようなパブリック・ディプロマシーをめぐる熾烈な現実は厳存する。仮にパブリック・ディプロマシーのなかに文化国際主義に通じる精神があるとしても、その背後にグロテスクな国益が交錯していることも少なくない。それゆえに、国益が相反すれば、おのずとパブリック・ディプロマシーも対抗的な性格を増すことになる。

例えば、在米日本大使館でパブリック・ディプロマシー担当の公使を務めた阿川尚之（慶応義塾大学教授）は、日本の戦争責任をめぐるアメリカの世論形成においてユダヤ系アメリカ人団体の影響力が大きいことを指摘しながら、次のように述べている。

ナチスによるホロコーストで同胞六百万人を虐殺された彼らは、戦争中の残虐行為にとりわけ敏感である。何もしないでいると、中国や韓国の主張に共感して、彼らと共同戦線を張る恐れがあった。そもそも日本軍や企業に虐待されたと主張する米人戦争捕虜（POW）は、ナチス政権下の強制労働に対する賠償を求めて訴訟を起こしたユダヤ系アメリカ人の行動に啓発されて、訴訟を提起したのである。日本としては、ナチスと戦前の日本がまったく異なることを、十分に説明せねばならない。

（阿川尚之『マサチューセッツ通り2520番地』二〇〇六年、二六二頁）

その中国は、近年、ユダヤ系アメリカ人への働きかけを強化している。二〇〇一年には『中国のユダヤ人（猶太人在中国）』と題する写真集を中国語と英語で出版、その後、ドイツ語、ヘブライ語などでも出版し、アメリカ以外へも流布した。一九三〇年代末に上海やハルビンなどへ移住した三万人のユダヤ人の記録が中心だが、ナチスの迫害からユダヤ人を救ったのは日本人（在リトアニアの日本領事館領事代理の杉原千畝）だけではないというメッセージも読み取れる。

さらに、イスラエルのエフード・オルメルト首相が中国を公式訪問した二〇〇七年に合わせて、同首相の祖父の亡骸が安置されているハルビンのユダヤ人共同墓地改修の完工式を行っている。こうした演出がユダヤ系アメリカ人にとっても琴線に触れるものであることは想像に難くない（マイケル・ユー「中国の対米パブリック・ディプロマシー」金子将史・北野充編『パブリック・ディプロマシー』、二〇〇七年）。オルメルト本人はイスラエルで生まれ育ったが、中国語に堪能なことで知られる。

もう一つ例を挙げると、アメリカの高校には早期履修（AP）プログラムという制度がある。指定された特定の課目を履修し、一定の成績を収めると、進学先の大学で単位として認定される制度で、大学の入学者選抜においても考慮される。語学では、従来、フランス語とドイツ語のみが対象だったが、二〇〇四年にAPを認定する全米大学入学試験委員会（College Board）が新たにイタリア語、中国語、日本語を追加する意向を示した。ただし、認定されるためには全国統一の単位認定基準やテストを作成する必要があり、そのための資金援助が求められた。当時の経緯について、阿川はこう記している。

この要望にすぐ応じたのは、イタリア政府と中国政府であった。必要金額の半分を出すと即座に約束した。ところが同じ要請を受けた国際交流基金は、対応に苦慮した。回りまわってこの情報を得た在米大使館では、何とか支援できるよう働きかけた。中国語がAPに指定され、日本語が指定されなければ、将来アメリカで高校生がどちらの課目を取るか、初めから勝負がついたようなものである。〔中略〕ことは日本と中国それぞれの対米外交の行方に関わる重要性をもっている。AP日本語プログラムが実現する見通しが立って、私はほっとした。（阿川、同右、一四二頁）

パブリック・ディプロマシーは、国益の競合するこうした現実に向き合っていかねばならないが、それは本来の趣旨から見て当然だ。しかし、その際、過剰対応することによって、かえって国益を損ねてしまわぬよう留意する必要がある。

例えば、二〇一〇年九月の尖閣諸島沖中国漁船衝突事件の後、中国は日本の若者一〇〇〇人を上海万博に招待する事業を突然延期、船長釈放後に再開した。青少年交流を直近の政治動向で左右することは、長期的な信頼醸成を困難にするものである。

ミャンマーでは、二〇〇七年秋、反政府デモを弾圧した軍事独裁政権に対して国際社会の非難が高まったが、同年のメーデーには、最大都市ヤンゴンにあるアメリカン・センターで労働者の権利に関するセミナーを開催しようとした二〇代の若者六人が逮捕され、最長二八年間の禁固刑が言い渡されている。こうした過剰な対応が国際社会の「心と精神を勝ち取る」ものであるかは疑わしい。同国では、他にも、ブリティッシュ・カウンシルなどが活動を展開しており、VOAやBBCの短波ラジオ放送は人びとの貴重な情報源になっている。情報統制を敷いている軍事政権あるいは実質的に軍政支配が続く国家にとって、こうした欧米諸国のパブリック・ディプロマシーは脅威であり、ときに国内のインターネットを遮断するなど、厳しい監視の目を注いでいる。

税金投入への批判

一党独裁国家や軍事独裁国家の例は極端かもしれないが、いわゆる先進民主主義においても、税金（公的資金）が投入されているという理由で、行政が被支援者から一定の距離を保つことで、自主性を尊重するというアームス・レングスの原則——第二次世界大戦後、英国芸術評議会（アーツ・カウンシル）を創設した経済学者ジョン・ケインズの有名な言葉を借りれば「金は出すが、口は出さない」——が歪められる可能性はつねに存在する。

例えば、ブリティッシュ・カウンシルは、二〇〇一年から海外の写真家をイギリスに招聘、国内のイスラム教徒の生活を自由に撮影してもらったうえで「コモン・グラウンド」と題する写真展をイスラム諸国で開催、大きな反響を呼んだ。しかし、写真を見たイギリス国内の議員からは「イギリスに否定的な写真に納税者の血税を使うべきではない」との批判が起こった。

日本でも二〇〇三年にワシントンD.C.で開催されたシンポジウム「記憶・和解とアジア太平洋地域の安全保障」に国際交流基金が資金援助したことが報じられ、国会でも問題となった。日本の戦争責任や歴史問題に関して、日本政府の立場と異なる見解が表明されたことが「国益」に反すると見なされたのである。二〇〇六年には、総務大臣がNHKの国際ラジオ放送に対して、放送法にある「命令放送」を根拠に具体的な事項にまで言及、北朝鮮の拉致問題を重点的に取り上げるよう求めたことが国会で議論となった。

これらは決して目新しい問題ではない。

例えば、アメリカでは、一九五四年、米国広報・文化交流庁（USIA）と国務省の後援によるガーシュウィン歌劇『ポーギーとベス』の海外公演が計画された際、議員から「サウスカロライナ州のスラムの人種偏見や違法薬物、強姦、貧困を扱った作品を見せるために、どうして国民の税金を使う必要があるのか」といった批判がわき上がっている(Richard Arndt, *The First Resort of Kings*, 二〇〇五年)。

レーガン政権下の一九八四年には、USIAの講師の海外派遣プログラムに参加させてはならない人物の「ブラックリスト」の存在が明らかになった。リストにはリベラル派と目される八四人の名前が記載されており、NBCのニュースキャスター・デイヴィッド・ブリンクリー、CBSのニュースキャスター・ウォルター・クロンカイト、経済学者ジョン・ガルブレイス、故キング牧師の妻コレッタ・キング、ウーマンリブの旗手ベティ・フリーダン、消費者運動家ラルフ・ネーダーらが含まれていた（重乃皓「米国政府の日本における広報文化活動について」『京都外国語大学 COSMICA』、一九八五年）。

しかし、ふたを開けてみれば、『ポーギーとベス』はベオグラードでもモスクワでもワルシャワでも観客の喝采が鳴り止まず、アメリカがオープンで器の大きな国であるとの印象を強く与えたのに対し、「ブラックリスト」は「自由社会の盟主」を自負するアメリカの二重基準を露呈する結果となった。国益を狭く捉えすぎると、かえって国益を損ねかねないという逆説の典型例といえよう。

上述した「命令放送」については、翌年の法改正で呼称が「要請放送」に改められ、「編集の自由に配慮する」と明記されることになった。一時は存続自体が俎上に載せられた国際交流基金も廃止を免れた。もしも編集権が制約され、国際交流基金が廃止された場合、それを最も歓迎したのは情報統制の厳しい強権国家の指導者たちだったかもしれない。

狭義の国益を超えて

その点、アメリカ文学の泰斗ダニエル・アーロン（ハーバード大学名誉教授）の証言は興味深い。

一九五〇年代から六〇年代にかけて、彼は、作曲家アーロン・コープランドや作家アースキン・コールドウェルなどとともに、海外派遣講師としてオーストリア、フィンランド、ポーランド、イギリス、ウルグアイ、日本、中国などを訪問した。一九六六年にウルグアイの共和国大学でアメリカ文学の教鞭をとった際、USIAはアーロンが学生たちのアメリカ研究への関心を高めてくれることを期待していたが、彼は講義のほとんどをベトナム戦争の批判に費やした。USIAのスタッフのなかには、アーロンがまるで「隠れマルクス主義者」のようだとする失望の声もあったが、それでも検閲などは一切なかった。地元のラジオ局でマルクス主義系雑誌の編集者と討論した際、アーロンは自らを「文化帝国主義者（cultural imperialist）」とさえ認めた。ただし、それは「自国の価値や文化について出来る限りの説明を試みる者」という意味であり、その点について彼は次のように述べている。

私はアメリカを〝売りこむ〟ためではなく〝説明する〟ために訪れました。〔中略〕アメリカの汚点を弁解するためではなく、それを広い文脈のなかに位置づけるためです。〔中略〕何の根拠もないのにアメリカが賞賛されている場合や、何ら進歩していないのに進歩しているかのように言われている場合は、私はその旨を指摘しました。どこでも率直に語りました。それこそ正しいテクニックだと今でも信じています。
(Susan Lumenello, "The Ambivalent Americanist," *Colloquy*, 二〇〇八年冬号、一一～一二頁)

元・西日本新聞論説委員の坂井孝之は、ベトナム戦争当時の福岡のアメリカ文化センター(アメリカン・センターの前身)が果たした役割を次のように回顧している。

アメリカは多元的な社会である。いろいろな考えの人がいて、反体制の動きもある。〔中略〕センターはそういう反政府的な意見も含めてアメリカの最新の姿を日本に伝えた。前衛的な実験映画が上映され、政府批判をする反体制派の人物も講師としてきたことがある。ベトナム戦争のときは、三階のホールではアメリカからきた講師がベトナム戦争を正当化する政府の立場を代弁する講演をしているのに、一階ではアメリカの反戦写真家のベトナム写真展が同時開催されるという光景が見られた。こういう懐の深さがアメリカなのだろう。あれもこれも、右も左も、前衛も伝統も、多元的なアメリカを多元的に紹介したところに、多くの人が〔中略〕センターにひきつけられたのではあるまいか。

（坂井孝之、「福岡、戦後、アメリカン・センター」『福岡アメリカン・センター40年』、一九九三年、一六頁）

もちろん、戦時下など判断が難しい場合もある。

例えば、二〇〇一年の同時多発テロ事件の直後、VOAはアフガニスタンを支配していたタリバン政権の最高指導者ムハンマド・オマル師との単独会見に成功するが、放送直前になって国務省からクレームがついた。「VOAは『アメリカの声（The Voice of America）』であって『タリバンの声』でない」というのがその理由だった。結局、ブッシュ大統領やアフガニスタン専門家の声を盛り込む形で放送は許可されたが、こうした経緯がリークされたことによって、報道メディアとしてのVOAの信頼性は疑問に付されることになった。

たしかに、イスラム過激派が流布するアメリカ像は一面的であり偏向が著しい。政治的悪意に満ちた勢力によって自ら（＝アメリカ）が一方的に定義されるのを防ぐべく、VOAが「アメリカの声」のみを伝えることは「国益」に適った合理的な判断ともいえる。しかし、それではアメリカがその報道の一面性や偏向ぶりを非難してきたアラブ系メディアと同じ水準に自らを置いてしまうことになる。イスラム過激派が流布する情報の誤謬訂正は迅速かつ周到に行う必要があるが、VOAはあくまで報道メディアとしての規範を遵守することで、イスラム過激派の情報活動を「プロパガンダ」として世界に認識させることができる。この点、一九八二年のフォークランド紛争の際、「わが軍」「敵軍」ではなく「イギリス軍」「アルゼンチン軍」と表現することで戦況を客観的に報道しようとしたBBCの姿勢は特筆に値する。

そもそも、同時多発テロ事件後、ナイがソフト・パワー論を声高に主張した背景には、ブッシュ政権の単独行動主義的な外交手法によって、アメリカが国際社会のなかで孤立してしまうことへの懸念があった。アメリカの孤立こそはアルカイダが最も望んでいることであり、アメリカを過剰反応させることで自滅に追いやろう――つまり、相手の力を借りて(自らはほとんど何もせずに)実を得よう――というアルカイダの「柔術戦略」の罠にはまってはいけないという判断がそこにはあったのである(Richard Armitage and Joseph Nye, *CSIS Commission on Smart Power*, 二〇〇七年)。

6　もう一つの税金の論理

民間と市場の限界

こうした「国益」をめぐる議論の根底には、パブリック・ディプロマシーが基本的に国民の税金によって担われている点があるが、この「税金の論理」はもう一つ別の形の懐疑や批判を提起する。それは、そもそも政府が関与すること自体の妥当性や有効性を問うもので、端的に言えば、政府の役割よりも民間や市場の活力を重視すべきという考えである。

たしかに、今日では政府以外のアクター――メディア、大学、シンクタンク、企業、財団、芸術団体、スポーツチーム、市民社会組織（CSO）、宗教団体など――が積極的に国際的な活動を展開しており、政府が関与すべき（あるいは関与し得る）領域はさほど多くない印象も受ける。「ニュー・パブリック・ディプロマシー」の時代にあっては尚更かもしれない。「クール・ジャパン」も政府によって創出されたわけではなく、その原動力はあくまで「民」にあった。

もちろん、ソフト・パワーの源泉をなす「文化」の素材、つまりソフト・コンテンツの創造や生産という点ではその通りだろう。しかし、パブリック・ディプロマシーの要諦はあくまで政策目標の達成のために相手国の「心と精神を勝ち取る」ことにある。そのための情報活動（政策広報や国際報道）であり文化活動（文化外交や交流外交）である。コンテンツ産業の振興や芸術家の支援そのものが本来の目的ではない。上述した米国務省の「インターナショナル・ビジター・リーダーシップ・プログラム」のように民間と協働できること、むしろそうすることで信頼性が高まる場合もあるだろう。しかし、外交目標の達成そのものが民間や市場に委ねられるものでないことはあまりに明白だ。

加えて、外交や国際関係に関する情報活動や文化活動は、元来、利潤追求になじみにくく、市場の論理や力学ではアウトリーチしにくい層や、市場に乗りにくいテーマも少なくない。市場に依拠する事業では持続性を担保しにくく、逆に、市場を通した活動には商業主義や文化侵略主義との批判も生じやすい。

「内向き」の論理

例えば、二〇〇二年に世界一二ヵ国の一〇代の若者を対象に行われた意識調査では、アメリカは「暴力と犯罪に満ちており、かつ性的に堕落している」という回答が最も多かったが、そこにはマスメディア、とりわけハリウッドの影響が色濃く映し出されていた（Melvin L. DeFleur and Margaret H. DeFleur, *Learning to Hate Americans*, 二〇〇三年）。市場の論理や力学になじみにくい層やテーマをカバーし、かつトランスナショナルなヒト・モノ・カネ・情報の流れに伴う緊張や反発をフォローするとなると、やはり公益を広く代表する存在として政府の役割が大切になってくる。近年、アメリカの国務省は、アメリカ文化がハリウッドやマクドナルドとイコールではないことを示すべく、画家や彫刻家、音楽家、舞踏家などを文化大使として中国やベネズエラ、エジプト、パキスタン、ナイジェリアなどに派遣し、現地の芸術家と交流する事業を強化している。こうした文化外交の予算は二〇〇一年には一六〇万ドルだったが、二〇一〇年には一二〇〇万ドルに増加している（オバマ政権になった二〇〇九年に四〇％急増）。

もっとも、「税金の論理」が先鋭化する背景には、国内の喫緊の生活課題への対応にこそまず公的資金を投入すべきという考えもある。景気低迷や大規模災害などに直面すると、尚更、この論理は説得力を増すことになる。いわゆる「内向き」の論理だ。予算削減への圧力が高まるなか、政治的な取引や世論へ迎合する材料として、パブリック・ディプロマシーの予算がスケープゴートになることも珍しくない。しかも、外交が選挙の争点になることが少ない分、議員や有権者の間の支持基盤も脆弱だ。

前章で紹介したように、アメリカではクリントン政権時代にＵＳＩＡを国務省に整理統合する決定が下されたが、それはパブリック・ディプロマシーのあり方をめぐる本質的な熟議によって導かれたものでは到底なく、まさに党派政治における妥協の産物だった。情報活動や文化活動が生活に関係のない「奢侈品」あるいは「無駄」と仕分けされることのないよう、議員やメディア、有識者などに対して、その意義をアウトリーチしていく努力——いわば、パブリック・ディプロマシーのためのパブリック・ディプロマシー——も欠かせないのだろう。そのためにも、パブリック・ディプロマシーは、総花的ではなく、目的やターゲットなどが明確化していることが望ましい。

7　成果をめぐる問題

二〇、三〇年単位での評価

パブリック・ディプロマシーの「意義」とともに問われるのが「成果」だ。政策である以上、成果が求められるのは至極当然であり、とりわけ税金が投入されている以上、納税者への説明責任もある。

現状では、質問紙調査、インタビュー調査、フォーカス・グループ、有識者パネル、世論調査、報道記事などを参照するのが一般的で、よりメタな評価、つまり評価の評価を他の公的機関、大学、民間会社などに委託することもあるが、パブリック・ディプロマシーの活動の性質上、一元的に測定できない部分も大きい。マローは次のように述べている。

〔パブリック・ディプロマシーの〕活動成果は商売のように測ることはできません。年度末の収支決算表が、その年の活動成果を表すのではありません。人びとが態度を改めたときに、レジが鳴るわけではありませんし、人びとがある考えに共感したことが金額で示せるわけでもありません。ある考えに対する共感の度合いというのは、市場の上下グラフのように表すわけにはいかないのです。完全に態度を決めてしまっている人びとの心に、疑いの念を吹き込むことが、私たちにとって最も重要な仕事であることも珍しくないのです。（『ニューヨーク・タイムズ』紙、二〇〇五年一二月二六日付）

たった一人の態度に影響を及ぼすことが大きな変化につながることもある。しかし、仮に態度を改めたとしても、それが持続されるとは限らない。

とりわけ、文化活動（文化外交や交流外交）の成果は長期的スパンで評価する必要がある。例えば、アレクサンドル・ヤコブレフが米ソの交換留学生として一九五八年に一年間コロンビア大学に留学したことの成果は、彼がミハイル・ゴルバチョフ政権のナンバー2としてペレストロイカを推進するまで、実に二〇年以上経ってから明らかになったともいえる。

また、利害関係の対立から政府間レベルの関係が硬直しているとき、文化活動が対話のための糸口になることや、より草の根レベルで国家間の関係を下支えすることもある。

有名なのはインドとパキスタンの間の「クリケット外交」だ。二〇〇八年のムンバイ同時

インドとパキスタンの「クリケット外交」 クリケットW杯準決勝での
シン印首相（右）とギラニ・パキスタン首相．試合中に会談し関係改善
で一致　2011年3月30日

多発テロ発生以降、両国の関係は険悪化していたが、二〇一一年三月にはインドのマンモハン・シン首相とパキスタンのユスフ・ギラニ首相が、両国が対戦したクリケット・ワールドカップ準決勝を一緒に観戦、試合中に会場内で夕食を囲んでの非公式会談を持ち、和平交渉を再開することで一致した。クリケットは両国民の間で最も人気のあるスポーツで、インドとパキスタンの両方の国旗を振って応援する観衆も少なくなかった。アメリカとイランの外交関係は膠着状態が続いているが、一九九〇年代後半にクリントン大統領とモハンマド・ハタミ大統領のもとで始まったレスリングやサッカー、バスケットボールなどのスポーツ選手団の交流は今日に至るまで継続している。二〇〇七年にはイラン向けのフルブライト・プログラムが二八年

ぶりに再開された。

イラク開戦の是非をめぐり米独、米仏などの関係が悪化していた頃、私は欧米諸国でパブリック・ディプロマシーに関するヒアリングを行っていたが、皆、米独関係や米仏関係には楽観的だった。「両国間には長年かけて培われた人的ネットワークが至るところに存在しているので、首脳同士の関係がねじれたくらいでは微動だにしない」とのことだった。私がハーバード大学に留学していた一九九〇年代には、アメリカ政府からの資金援助を受けて、同大のケネディ行政学院に、ロシアや中国の将校らが数十名単位で招かれていた。近年は、中国政府の官僚などへの研修も行っているようである。こうした交流事業の成果もまた二〇年、三〇年単位で評価すべきものだろう。

前章で紹介した日本のJETプログラムは、もともと外国語教育と国際交流の促進支援を通して日本の地方自治体の国際化を推進すべく、一九八七年に始まったものである。それが今日では知日派や親日派を養成するという観点から、パブリック・ディプロマシーとしても国内外で高い評価を受けるようになった。

二〇一〇年現在、世界約五四ヵ国に五万人以上の元JET生がおり、東日本大震災の際には、彼らが世界各地で被災地のための募金活動や支援イベントを牽引した。各国の大使館、省庁、大学、メディア、ビジネスにも元JET生が数多く存在している。まさに四半世紀におよぶ地道な活動と信頼構築の賜物といえよう。しかし、そのJETプログラムも、二〇一〇年に行われた「事業仕分け」では、「中学校や高校における英語のスコアの伸びに成果が反映されていない」といった理由から「見直し」と判定され、一時は事業廃止の瀬戸際まで追い込まれる有り様だった。生身の外国人と英語でコミュニケーションできたことは、生徒の内面に少なからぬ変化をもたらした——あるいは変化の種を蒔いた——と思われるが、そうした点が考慮されることもなかった。

「国王の最初の手段」

もっとも、厳密に考えれば考えるほど、ある種の変化がパブリック・ディプロマシーによってもたらされたのかは判断が難しくなる。

例えば、冷戦でのアメリカの勝利があたかもパブリック・ディプロマシーやソフト・パワーによってもたらされたかのように言われることがある。たしかに、ロシアのノーベル賞作家アレクサンドル・ソルジェニーツィンやチェコ共和国の初代大統領ヴァーツラフ・ハヴェルらは、ラジオ・フリー・ヨーロッパ（RFE）やラジオ・リバティー（RL）から流れてくる情報が大きな支えになったと証言している。しかし、冷戦という大きな政治構造の崩壊は、米ソを中心とする関係国の軍事的・経済的事情、国内の政治状況、他国との外交関係など、複合的な要因に求めるのが妥当だろう。

しかし、同じことは政策全般に言えることではないだろうか。例えば、ある経済政策の成果を因果関係の枠組みに明確に位置づけることや、客観的な測定や評価を行うことは、そう容易ではないはずだ。アメリカが世界恐慌を克服するにあたり、フランクリン・ルーズベルト大統領が行ったニューディール政策が本当に大きく寄与したのか、それとも第二次世界大戦の軍需増加により多くを負っているのかは、八〇年近く経った今日でも経済学者の間で評価が大きく対立している。パブリック・ディプロマシーについてのみ厳密な評価を求めるのはアンフェアではないか。ましてや、パブリック・ディプロマシーは商売ではない。目先の成果や効率を求めることは、そもそも筋違いである。ビジネス・マインドではなく、ディプロマティック・マインドによって評価することが肝要だ。

この点は、より広く「パワー」をめぐる問題とも通底している。ソフト・パワー論への批判として、まさにそれが「柔らかすぎる」というのがある。つまり、その効果の測定や評価が困難というわけである。しかし、もともと計量化にはなじみにくいにもかかわらず、国際政治を構成しているダイナミズムを「パワー」と言語化したことにソフト・パワー論の意義があるのであり、こうした批判は本末転倒のようにも思える。

そもそも、国際関係論における「パワー」とは、自らにとって好ましい状態を実現させるための能力や資質を指すのであろう。しかし、軍事力にせよ、経済力にせよ、「パワー」の測定や評価は、厳密に考えれば考えるほど、困難ではないだろうか。パワー研究で有名なニューヨーク大学の政治社会学者スティーヴン・ルークスは、「パワー」が計量可能だというのは「実体性を持つ虚像（concrete fallacy）にすぎない」と喝破している（**Steven Lukes, *Power*,** 二〇〇五年）。「源泉」と「パワー」は別物であり、仮に源泉を計量化することができたとしても、源泉の総計とパワーの総計が比例する保証はないというわけである。例えば、一九四〇年の時点でドイツ軍が保有していた戦車の数は、イギリス軍とフランス軍の総数より少なかったが、戦争の結果には影響を及ぼさなかった。

ソフト・パワーについては受け手の〝パーセプション〟が重要になる分、測定や評価はさらに一筋縄ではいかなくなる。たった一人の心ない在日アメリカ軍兵による事件が、それまで築き上げられてきた親米・好米感情を一気に崩してしまうことや、過熱した「韓流」ブームが、文化防衛論にも似たナショナリスティックな嫌韓感情を日本国内の一部の人びとに抱かせることもある。しかし、一筋縄ではいかないからといって、ソフト・パワーが不毛・不要ということにはならない。同じことは、「心と精神を勝ち取る」ことを目指すパブリック・ディプロマシーについても然りだ。

つまるところ、パブリック・ディプロマシーの成果は、目的や投入されるリソース、ターゲット、手法、文脈などを鑑みながら総合的に判断していくしかない。中長期的にデータを収集することで、ある程度、客観的な測定や評価を行うことも可能だろうが、むしろ安易な数値や図式に落とし込まない意識的配慮や政治的度量こそ欠かせない。

そして、最も大切なことは、「成果」の測定や評価にこだわるあまり、パブリック・ディプロマシーの「大前提」を忘れてしまわぬことである。それは、ニコラス・カルが強調するように「対象理解」の重要性であり、マローが述べた「拙い政策を巧みに宣伝することは、過ちをより深刻にするだけです」「不時着のときだけではなく、離陸のときにも立ち会いたい」という言葉だ。USIAのベテラン外交官ハンス・タックは「パブリック・ディプロマシーを魔法の治療薬と見なすべきではない」と戒める（Hans Tuch, *Communicating with the World*, 一九九〇年、一一三頁）。

タックと同じくUSIAでの経歴が長く、フルブライト協会の会長も務めたリチャード・アーントは、軍事力は「国王の最後の手段（the last resort of kings）」であるという言い回しにかけて、パブリック・ディプロマシーは「国王の最初の手段（the first resort of kings）」であると表現している（Richard Arndt, *The First Resort of Kings*, 二〇〇五年）。

さまざまな質問紙調査、インタビュー調査、フォーカス・グループ、有識者パネル、世論調査などを通して得られた他者理解を、政策形成の過程に反映してゆくことで、その政策はより魅力と説得力を増す。つまるところ、歪んだ他者理解からは歪んだ外交政策しか生まれない。それを抑止することこそパブリック・ディプロマシーの最も大切な成果といえよう。

第Ⅳ章　日本のパブリック・ディプロマシー

1　歴史的変遷

明治期から昭和戦後

第Ⅰ章で述べたように、日本において「広報外交」や「文化外交」は主に戦後期の言葉であるが、それ以前に類する活動が存在していなかったわけではない。一八六七年のパリ万博では、ナポレオン三世から公式に招待状を受けた徳川幕府と、別個に参加した薩摩、鍋島の両藩がそれぞれ「ニッポン」と称して版画や工芸品、浮世絵などを出品している。一八七三年のウィーン万博では、太政官直属の事業として参議・大隈重信を臨時準備事務局の総裁におき、当時の国家予算の一％にあたる約六〇万円という巨費が投じられた。同万博は西欧の美術界に「ジャポニズム」を興させる契機となり、ヨーロッパで東洋の美術品を体系的に集めた美術館の設立を促す契機となった。

また、日露戦争に際して、日本の外務省は「日本はロシアとの和平を切望していたが、ロシアの横暴さゆえに、やむなく軍事行動の発動につながった」とする見解を、日本の在外公館を通して欧米各国に流布した。親日的世論を形成するためには新聞社の支援や買収も厭わず、例えば、オーストリア・ハンガリー帝国駐在の公使・牧野伸顕らは黄禍論の拡大を抑えるべく、ハンガリーの学者に執筆させた反黄禍論を配布している（松村正義『日露戦争と日本在外公館の〝外国新聞操縦〟』二〇一〇年）。

ウィーン万博会場本館日本列品所入口内部

その後、第一次世界大戦中の欧米列強の宣伝活動、そして戦後のパリ講和会議での中国の抗日的な世論工作などに触発され、日本の外務省は一九二一年に情報部を正式に発足させるとともに、対外通信社である国際通信社や東方通信社への支援を強化した。

満州事変や国際連盟脱退に伴う国際的孤立を回避するため、一九三四年には国際交流基金の前身となる財団法人・国際文化振興会を設立し、同年、日本放送協会は台湾や満州向けのラジオ放送、翌年にはハワイや北米西部の在留邦人向けのラジオ短波放送をそれぞれ開始している。

ブリティッシュ・カウンシルの設立が一九三四年であるから、日本はイギリスとほぼ足並みを揃える形で

「新外交」の時代への適応を試みていたことになる。

その後、日中戦争や太平洋戦争の進展に伴い、外務省の情報活動や文化活動は一九四〇年に設立された内閣の情報局へと移管され、挙国一致体制のための情報統制が強化されていく。また、周知の通り、軍部も独自の宣伝機関を通してホワイト・プロパガンダやブラック・プロパガンダを展開した。

戦後、日本は「軍国主義国家」のイメージを「平和を愛する民主主義国家」へと転じることを余儀なくされた。国際社会における地位回復のために日本が最初に行ったことが一九五一年のユネスコ加盟だったことはいかにも象徴的だ。

当然のことながら、武士道の精神や封建時代の伝統に関する文化は忌避され、茶道や生け花などが前面に出された。当時、外務省が作成していた広報パンフレット"Japan of Today"では、桜と雪(雪は北半球=先進国のシンボル)を頂いた富士山の写真が定番であり、また当時から今日に至るまで、毎年、海外向けには「生け花カレンダー」を配布している。過去の植民地主義の反省から日本語教育の普及に対しても消極的だった。

ナショナル・アイデンティティの模索

青木保は『「日本文化論」の変容』(一九九〇年)のなかで、戦後日本の言説空間におけるナショナル・アイデンティティの模索（＝日本文化論）の軌跡を、次の四つの時期に分けている。

第一期「否定的特殊性の認識」（一九四五～五四年）
第二期「歴史的相対性の認識」（一九五五～六三年）
第三期「肯定的特殊性の認識」（一九六四～八三年）
第四期「特殊性から普遍性へ」（一九八四年～）

第一期では、敗戦から占領という現実を前に、坂口安吾の「堕落論」（一九四六年）、きだみのるの『気違い部落周遊紀行』（一九四六年）、桑原武夫の『現代日本文化の反省』（一九四七年）など、自己否定的な言説が支配的だった。

近代化論やマルクス主義が日本の知識人に影響をもたらしたが、相反する両者の理論的主張とは裏腹に、日本社会の認識という点では、どちらも「前近代的」「封建遺制」「非合理的」「反民主主義」といった負のイメージを共有していた。

当時、パブリック・ディプロマシーを展開するうえで大きな政治的・物理的な制約があったことは自明だが、こうした精神的な制約があったことも忘れてはならない。

第二期になると、朝鮮戦争の特需景気などを背景に経済的な「離陸」が顕著となり、第一期の「否定的」な日本文化論は後景に退き、代わって欧米の先進国モデルや社会主義的な発展段階説とは異なる視点から日本を再考する言説が主流になっていった。「もはや戦後ではない」と『経済白書』が宣言した一九五六年の前年には加藤周一の「日本文化の雑種性」、二年後には梅棹忠夫の「文明の生態史観序説」(一九五七年)が発表されている。いわば精神的な安定性を取り戻した時代といえよう。

自己主張の時代

一九六〇年代に入ると、新幹線開通や東京オリンピック開催など、高度成長を印象づける出来事が相次いだ。そうした繁栄を背景に、佐藤栄作内閣は七年半以上に及ぶ長期政権となり、日米安全保障条約をめぐる政治対立からやがて保守的安定の時代に入った。

日本文化論の分野でも日本システムのメリットを説明する尾高邦雄の『日本の経営』(一九六五年)、中根千枝の『タテ社会の人間関係』(一九六七年)、作田啓一の『恥の文化再考』(一九六七年)、土居健郎の『「甘え」の構造』(一九七一年)、木村敏の『人と人との間』(一九七二年)、浜口恵俊の『「日本らしさ」の再発見』(一九七七年)、村上泰亮・公文俊平・佐藤誠三郎の『文明としてのイエ社会』(一九七九年)、村上泰亮の『新中間大衆の時代』(一九八四年）といった作品群に象徴される「肯定的」な言説が一九八〇年代の半ばまで続くことになる。

こうした自己認識を背景に、日本のパブリック・ディプロマシーも自己主張を厭わなくなっていった。一九六〇年代には在外公館付の広報文化センターの開設が相次ぎ、一九六四年には外務省の情報文化局のなかにあった文化課が文化事業部に格上げされた。一九七二年には国際交流基金が設立、七四年には日本の有識者の考えを海外の有識者層に紹介する英文季刊誌 ***Japan Echo*** が刊行され、在外公館を通して配布されるようになった。

ただし、自己主張といっても、海外からの批判や他国との摩擦を緩和するといったリアクティブ（後手対応的）な性格が強かったことは指摘しておく必要があろう。

一九六一年に池田勇人総理とジョン・ケネディ大統領との合意によって成立した、日米両国の有識者による「日米文化教育交流会議」（通称カルコン、CULCON）は安保騒動でダメージを受けた日米関係の修復が背景にあった。その後、国際交流基金の設立の契機になったのも日米関係だった。当時、日米間では繊維輸出規制や貿易不均衡の問題に加えて、一九七一年の二つのニクソン・ショック（訪中宣言とドル・ショック）が日米間の不協和音を顕在化していた。そこで当時の福田赳夫外相の強いイニシアチブによって、一九七二年五月、「相互の理解の増進」を目標に掲げる国際交流基金法案が国会で成立した。同外相はそれに先立つ外交演説のなかで次のように述べている。

近年、海外諸国における対日関心は、とみに高まりつつありますが、同時に、諸方面に故なき警戒心や不当な誤解も、台頭しつつあるやにうかがわれます。わが国の対外活動が経済的利益の追求に偏するとする批判や、さらには、日本軍国主義の復活を懸念する声すら聞かれる状況であります。このような時にあたり、平和国家、文化国家を志向するわが国の正しい姿を海外に伝え、誤った認識の払拭に努めることは、わが外交にとって急務であります。

(引用は金子将史「日本のパブリック・ディプロマシー」、金子将史・北野充編『パブリック・ディプロマシー』二〇〇七年、一九〇〜一九一頁)

田中角栄総理の時代には、アメリカの主要一〇大学における日本研究を支援するための田中基金が設立され、一校あたり一〇〇万ドルが寄付された。

東南アジアでは日本の経済進出をめぐる反発が顕著となり、一九七二年にはタイで日貨排斥運動が、一九七四年には田中総理が訪問したタイやインドネシアでは大規模な反日暴動が発生した。日本人は「エコノミック・アニマル」ないし「バナナ」——外は黄色(アジア人）だが中身は白色（欧米人）――だという批判すら聞かれるようになった。こうした摩擦を緩和すべく、一九七四年には「東南アジア青年の船」が開始され、東南アジアでは国際交流基金の海外事務所の設立が相次いだ。一九七〇年代後半からは、無償文化協力、遺跡保存事業、ＡＳＥＡＮ文化基金といった枠組みを通した支援も強化され、東南アジアはアメリカと並ぶ日本のパブリック・ディプロマシーの主要ターゲットの一つとなった。外務省が中根の『タテ社会の人間関係』の英文抄訳を *Human Relations in Japan*（一九七二年）として出版し、東南アジアなどで配布したのもこの頃である。

「国際化」の時代

青木が日本文化論の第四期と位置づける一九八〇年代初頭以降の言説で特徴的なのは、いわゆる「国際化論」の隆盛であり、主に二つの角度から日本文化論の見直しが行われた。一つは、国際社会における責任をどう引き受けていくかという議論で、一九六五年に『日本の経営』を著した尾高邦雄が、二〇年後に同じテーマの再論を試みながら、自分の立場が以前と逆になったこと、すなわち日本的システムのデメリットを危惧するようになったことに、その問題意識がよく表れている。山崎正和の『文化開国への挑戦』（一九八七年）も、日本を国際国家として位置づけなければならないという痛切な意識から、「日本的特性」を疑いながら「第二の開国」を目指してゆくための論点を示した。「国際化」という言葉はその後「グローバル化」に取って代わられていったが、山崎が提起した問題意識は今日に至るまで引き継がれているといってよい。

もう一つの見直しは、「日本文化論」というジャンルそのものを、ナショナリズム論や文化構築主義の見地から相対化しようという試みで、主に欧米の学界で隆盛を見せた。ピーター・デールの *The Myth of Japanese Uniqueness*（一九八六年）やハルミ・ベフの『イデオロギーとしての日本文化論』（一九八七年）などが代表的である。ベフは同書の巻頭に収められた鶴見俊輔によるインタビューのなかで次のように述べている。

今までの文化論（＝日本文化論）は、その七十パーセント、八十パーセントがアメリカに対する日本は何か、という発想です。ですから日本はユニークであると文化論はいうのですけれども、いったいそれはどういうことを言っているのかというと、ただ単にアメリカないし欧米とこう違うのだと言っているだけです。どうして文化論がそのような形をとるかといいますと、日本にとってアメリカは経済的、政治的に大事だから、だから日本人の志向はそっちを向いているわけです。ところが、世界の事情がガラッと変わって、日本人の志向が別の方向にいったら、文化論もそっちのほうに向いていくように

なります。（引用は青木、一三八頁）

こうした「日本文化論」そのものの見直しについて、青木は『「日本文化論」の変容』が発表された一九九〇年当時、次のように解釈している。

「日本文化」の「独自性」の主張も必要な部分があり、日本人の「文化的アイデンティティ」の強調も今後の世界で必要とすることはあるかと思われるが、「日本文化論」は、いまより開かれた「普遍性」に向い、世界を構築する「普遍」理論の一部となるべく展開されるときを迎えたというべきであろう。（青木、一七一頁）

日本文化論が「国際化」や「普遍性」の前で再考を迫られるなか、日本のパブリック・ディプロマシーも国際化や国際社会への対応が急務となっていった。

「国際文化交流の強化」

一九八〇年代には、平和維持活動やそれに類する活動への貢献、政府開発支援や経済援助政策など、日本に対して「国際社会の責任あるパートナー」を求める声が欧米を中心に高まりを見せた。また、貿易摩擦は対日世論の硬化を助長し、「日本異質論」や「日本脅威論」に象徴される対日不信も熾烈さを増した。

外務省は一九八四年の機構改革で文化交流部を設置、大臣官房に外務報道官を新設し、外国プレス室を国際報道課に再編した。同年、国際交流基金は財団法人・日本国際教育支援協会との共催で初の日本語能力検定試験を実施している。

一九八八年、竹下登総理はロンドンでの演説のなかで、「国際文化交流の強化」を外交政策の柱と位置づけ、国際文化交流に関する史上初の総理懇談会を設立した。同会の報告書では、国際文化交流の理念や目的を「安全保障に不可欠」「世界の文化の発展に貢献」「対日関心の高まりに対応」「日本の社会の国際化」の四つに整理している。

パブリック・ディプロマシーに直接関係があるのは「安全保障に不可欠」と「対日関心の高まりに対応」という部分であり、「世界の文化の発展に貢献」や「日本の社会の国際化」はむしろ文化国際主義的な発想を反映したものといえる。パブリック・ディプロマシー的な発想と文化国際主義的な発想が混在した状況は、その後の総理懇談会の報告書でも踏襲されている。

一九九〇年には東京に国際交流基金ASEAN文化センターが設立されたが、ASEAN各国の文化を日本に紹介し、東南アジア地域に対する日本人の知識や関心を高めることが目

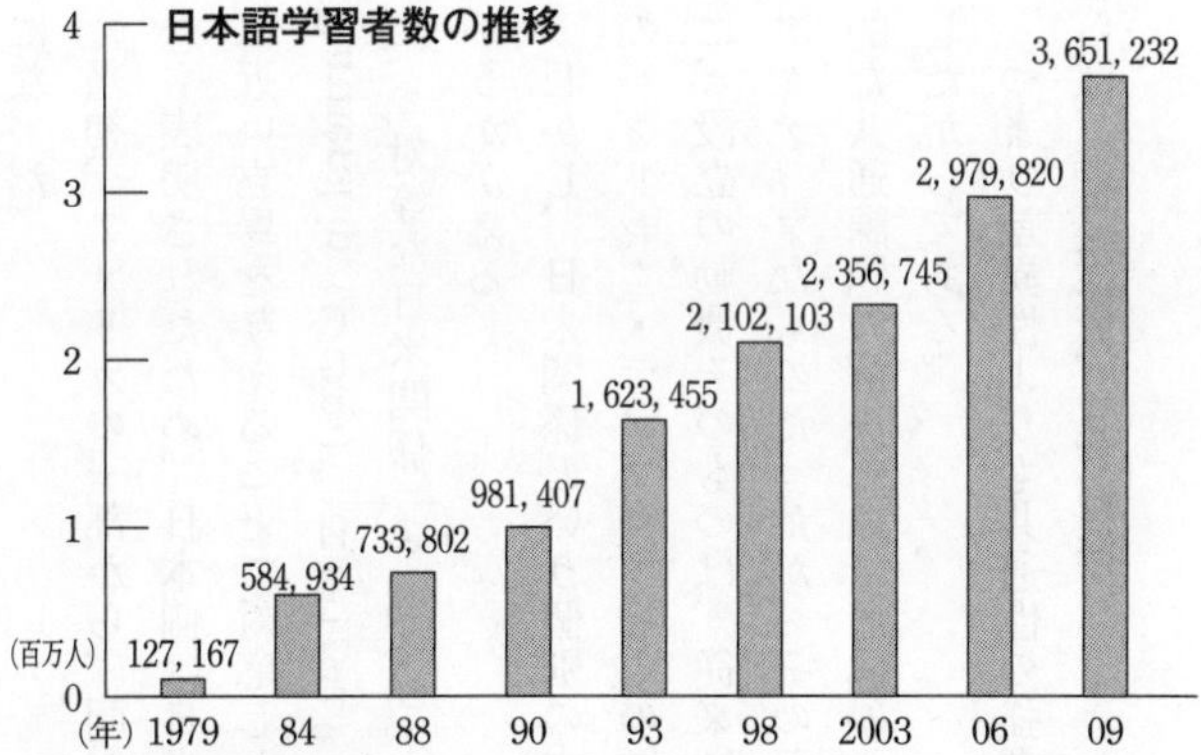

出典：『日本語教育機関調査・2009年 海外の日本語教育の現状』(国際交流基金, 2011年3月発行)

的とされた。いわば、ASEAN各国の対日パブリック・ディプロマシーを日本自身が担っていたわけだが、これなどはまさに文化国際主義的な色彩の強い試みだったといえよう（同センターは一九九五年にアジアセンターに改組、二〇〇四年に解消）。「日本の社会の国際化」という点では、地方自治体でも国際交流を担当する部局の設置が相次ぎ、一九八七年にJETプログラムが始まったことが特筆される。

貿易摩擦がとりわけ激しかったアメリカとの間には、従来からの防衛摩擦に加えて、湾岸戦争における日本の貢献をめぐっても齟齬が生じ、日米相互不信が深刻化した。日本政府は五〇〇億円の出資金を投入し、一九九一年に国際交流基金のなかに日米センターを設立、日米両国による世界的な共通課題（開発途上国の民主化、環境問題、感染症予防など）の解決に向けた、政策志向の強い活動を展開するようになった。

当初、アメリカの一部から、同センターが日本政府によるロビー団体ではないかという懸念も表明されたため、日本側は日米合同の評議会を設け、国際交流基金のなかでも独立組織に近い立場を与えることで対応した。ちなみに、同センターの英文名は Center for Global Partnership（CGP）。日本にとってアメリカが特別な存在であることを感じさせるとともに、「対等な日米関係」や「イコール・パートナーシップ」を強く意識した命名であることがうかがえる。

しかし、日米関係という個別の文脈を超えたところで、実は、日米センターの設立は日本のパブリック・ディプロマシーの歴史において、大きな転換点だったかもしれない。たしかに、設立の動機そのものは、従来同様、海外からの批判や他国との摩擦を緩和するというリアクティブなものだったが、そのために日本の〝特殊性〟を理解させるよりも、むしろ世界的な共通課題の解決に向けて協働するプロアクティブ（先手対応的）な姿勢を明確に打ち出したからである。

つまり差異性よりも共通性の強調、青木が日本文化論の第四期を形容した表現を借りるならば、「特殊性から普遍性へ」というパラダイム・シフトが認められるからである。

「誤解を解く」から「経験の共有」へ

東西冷戦が終わり、東アジアが世界経済の成長センターとなるなか、中国や韓国ではナショナリズムと反日感情が結びつき、歴史認識や領土をめぐる問題が再浮上するようになった。中国の軍事的台頭や北朝鮮問題などの安全保障上の脅威も厳存する。しかし、その一方、一九九〇年代以降、東アジア地域内の共通性や一体感を模索する文化外交や交流外交も積極的に展開されている。日本や韓国、台湾、中国沿岸部の若者の間では、ポップ・カルチャーやスポーツを通した相互交流が深まりを見せ、二〇〇二年にはサッカーのFIFAワールドカップが史上初の日韓共催となった。

「クール・ジャパン」が外交的にも注目された背景には、日本のコンテンツ産業の振興や、日本経済の長期低迷に伴うハード・パワーの低下をソフト・パワーによって穴埋めせざるを得なかったという事情もあるだろう。しかし、東アジアやアメリカ（そして他の地域）との間に共通の文化的基盤、あるいは共感を育むうえで「クール・ジャパン」が適していたからともいえる。第Ⅱ章で述べたように、「クール・ジャパン」が表象しているのは、単に日本だけの関心や問題ではなく、同時代の世界に共通するものが少なくないからだ。

第Ⅱ章では、ゲーテ・インスティトゥートやフランス文化センターがアフガニスタンで国際ドキュメンタリー・短編映画フェスティバルなどを主催することで、「平和構築」という国際公共性の高い営為に取り組んでいることを紹介したが、近年、日本のパブリック・ディプロマシーにおいても、そうした「ヒューマン・セキュリティ」に関わる活動が積極的に展開されている。

例えば、アフガニスタンでは、紛争後の再建へ向けた人びとの意欲をかき立てるため、国際交流基金が陶器の生産で有名なイスタリフの陶芸家を日本に招聘し、日本の陶芸家との技術交流を行った。外務省はイラク国内の各宗派・民族の党首、国会議員などを招聘し、広島や京都を訪問しながら、日本の戦後復興に関する知見を共有し、民主主義について討議する「国民融和セミナー」を開催している。

アメリカでは国際交流基金が「ハリケーン・カトリーナ災害復興協力のための日米対話プロジェクト」を主催し、阪神・淡路大震災からの復興経験をニューオーリンズの関係者らと共有した（東日本大震災の直後、ニューオーリンズ・タイムズ・ピケユン紙は「今こそ日本に恩返しを」とする社説を掲載している）。かねてよりアラブ地域や東南アジアでは「おしん」や「プロジェクトX」などのテレビ番組が、自国の復興や発展に励む人びとの共感を呼び、大変な人気を博している。

このように「誤解を解く」ことから「経験を共有する」ことへと重点がシフトしたのが、

近年の日本のパブリック・ディプロマシーの特徴であり、一九九一年のCGPの設立はその意味で象徴的な出来事だったと考えられる。

核軍縮・核不拡散、貧困国支援、東アジア地域の安定、気候変動への対応、再生可能エネルギーの開発、感染症の防止といったテーマについては、広く日本のセキュリティに関わる課題として合意が存在する。これらは国際社会としての課題でもあり、まさに国益と国際益が重なり合う領域に位置している。実は、こうした課題に対する日本の経験や取り組みには特筆すべきものが多い。

エネルギー資源に乏しい国としての省エネへの取り組み。天然資源に乏しい国としてのリサイクルへの取り組み。公害問題を抱えてきた国としての環境や公衆衛生への取り組み。大きな天災や戦災を経験してきた国としての復興・平和への取り組み。そのなかで育んできた知恵や工夫は、たとえポップ・カルチャーのような華々しさはないとはいえ、「もう

原爆ドームを訪れるアメリカ人大学院生　国際交流基金の招聘プログラムの一つ

一つのクール・ジャパン」を十分に形成し得る貴重な源泉といえる。それはまた、リアクティブからプロアクティブなパブリック・ディプロマシーへとさらなる質的転換を促す契機となるかもしれない。

一九九〇年代以降、NPOやNGOなどの市民社会組織（CSO）の活動が顕著となるなか、CSOとの協働、あるいは日本と相手国のCSO同士の信頼醸成や協働を促す支援も増えている。例えば、国際交流基金は、二〇〇四年、日本サッカー協会がイラク代表チームを日本に招聘し、親善試合を行う事業を支援している。翌年には、イスラエル、パレスチナでそれぞれ活動している二つの医療NGOの代表者を日本に招聘し、紛争地の人道状況に関する相互理解を促進させようとする日本国際ボランティアセンターのプロジェクトを支援した。

これらの活動は、第I章で述べたように、政府の役割は、多様なアクターが織りなす多層的なネットワークを「支配」することではなく、アクター間のパートナーシップづくりやプラットフォームづくりを「支援」することにあるとする「ニュー・パブリック・ディプロマシー」の考えを体現したものといえよう。この点、日米センターが設立当初から、「知的交流」と並んで、国際交流基金では初めて「地域・草の根交流」を事業の柱に据えながら、CSOとの〝ネットワーキング〟を重視していた点は注目に値する。

2　制度的課題

国際交流基金と文化庁

日米センターのもう一つの特徴は、政策志向の強い活動に重点が置かれた点である。これは国際交流基金そのものが一九七二年に外務省所管の特殊法人として発足したこと（二〇〇三年に外務省所管の独立行政法人へ改編）を踏まえれば当然といえるが、文化庁（一九六八年に文部省の外局として発足）が国際文化交流事業を拡大するなか、国際交流基金と文化庁の棲み分けが不明瞭になっていった。

二〇〇一年の中央省庁等改革では、国際交流基金は「外交」に資する事業、文化庁は「文化振興」に資する事業を担うとする役割分担、二〇〇九年の「事業仕分け」では、「海外」で実施される事業は国際交流基金、「国内」で実施される事業は文化庁が担うとする役割分担が示された。しかし、ソフト・パワー論が注目され、かつグローバル化が加速する今日にあって、「外交」と「文化振興」、あるいは「海外」と「国内」という区別は必ずしも明瞭ではない。あるいは、外交政策との関わりが深い事業については、外務省所管の国際交流基金が、いわゆる文化国際主義の色彩の強い事業については、ユネスコ国内委員会を抱えかつ教育行政を担っている文部科学省（文化庁を含む）がそれぞれ担うという役割分担もあり得るかもしれない。だが、パブリック・ディプロマシーと文化国際主義との接合が進むなか、やはり一部重複する領域が生じてしまうのは避けられそうにない。日米センターは、それまでの国際交流基金の活動に比べると外交政策との関わりを強く意識した点で先駆的だったといえるが、国際交流基金と文化庁の棲み分けの問題は依然として残る。

また、外務省や国際交流基金ほど直接的ではないにせよ、日本のソフト・パワーを資する役割を担っている政府系アクターとなると、開発援助（国際協力機構）、国際放送（NHK）、学術振興（文部科学省、日本学術振興会）、地域振興（地方自治体、総務省、自治体国際化協会）、多文化共生（地方自治体、総務省、法務省、自治体国際化協会）、コンテンツ産業振興・輸出促進（経済産業省、日本貿易振興機構）、観光振興（国土交通省、国際観光振興機構）など、多くの分野にあまた存在している。

二〇一〇年一月のハイチ大地震の際、復興支援活動に従事していた自衛隊が地元の子どもたちに日本文化（習字や柔道など）を体験してもらう催しを開いていたが、国連の平和維持活動への参加がより活発になれば、自衛隊もまた重要なアクターとなり得る。日本のパブリック・ディプロマシーのスケールは、その経済規模、あるいは他の主要国に比して驚くほど小さいが、こうした多様なアクターによる事業を有機的に結びつける高次の機能も不在のままだ。

米英の諮問委員会、評議会

ちなみに、アメリカでは国務省のなかにパブリック・ディプロマシー諮問委員会（Advisory Commission on Public Diplomacy）が設立されており、各界を代表する七名の委員（任期三年）が上院の承認を得たうえで大統領によって任命されている。同一政党から選出されるのは四名までと定められている。政府全体のパブリック・ディプロマシーについて、大統領、国務長官、議会に提言するとともに、活動を評価するのが主な役割だ。

イギリスも外務省のなかにパブリック・ディプロマシー評議会（Public Diplomacy Board）を設立しており、外務省、ブリティッシュ・カウンシル、ＢＢＣの幹部らが中心となって、基本方針の策定や活動の評価を行っている。さらに同評議会の諮問委員会としてパブリック・ディプロマシー・パートナーズ・グループ（ＰＤＰＧ）が設立されており、観光庁や文化・メディア・スポーツ省、国防省などの政府系アクターが参加している。

アクター間の調整はどの国も抱えている難しい問題だが、マネージメント面も含めて、パブリック・ディプロマシーのプロフェッショナルの養成も喫緊の課題だ。

アメリカの場合、外交官試験を受ける段階で、政治、経済、パブリック・ディプロマシー、領事、管理の五部門のいずれかを選択しなくてはならず、採用後の部門変更はできない原則になっている。国務省や大使館の上層幹部は政治任命職であるため、外交官はそれぞれの部門で経験と専門性を築き上げることができる。職務の性格も関係しているのであろうが、パブリック・ディプロマシー担当の外交官には、ジャーナリストや研究者、国際ビジネスマン、CSOのオフィサーとしての経験を有する者も少なくない。パブリック・ディプロマシー担当の外交官OB・OGのネットワークも強固で、オーラル・ヒストリーなども精力的に蓄積されている。

また、パブリック・ディプロマシーは高等教育においても専門領域として制度化が進んでおり、専門科目を提供している大学は枚挙にいとまがない。タフツ大学、ジョージ・ワシントン大学、南カリフォルニア大学には「パブリック・ディプロマシー」の名を掲げた研究所が設けられている。

南カリフォルニア大学では、二〇〇六年秋から、世界初となるパブリック・ディプロマシーの修士課程プログラムが開設されたほか、世界各国から実務家を集めた約二週間の夏季研修セミナーが開催されている。パブリック・ディプロマシー専門の学会はまだ存在していないが、外交・国際関係系の学会では関連する論文やセッションが目につくようになっている。

パブリック・ディプロマシーの思想と実践を深めていくうえで、日本にはまだまだ制度的課題が多く存在する。

3　日本の位相

ヨーロッパ諸国の協力体制

ヨーロッパでは、欧州委員会の教育・文化総局（DGX）を中心に、欧州連合（EU）圏内の文化的多様性を維持しつつも、〝EU〟として共通の文化的アイデンティティを構築すべく、トランスナショナルな教育・文化交流活動が積極的に展開されている。

有名なのは一九八七年に設立された学生の交換留学生制度エラスムス（ERASMUS）で、二〇一一年現在、欧州三三ヵ国の四〇〇〇以上の高等教育機関が参加している。これまでの参加学生数はのべ二二〇万人以上に及ぶ。同プログラムの成功をもとに、二〇〇四年からは、ヨーロッパと第三国、すなわちヨーロッパ以外の国々との協力と交流を目的としたエラスムス・ムンドゥス（世界版エラスムスの意）が実施されている。

一九九九年には欧州二九ヵ国の教育大臣がイタリアのボローニャに会し、「ヨーロッパ高等教育圏」を形成するために、比較可能な学位制度や単位互換制度の導入など、各国の高等教育制度・政策を統合していくことを約束、「ボローニャ宣言」に共同署名した。二〇一〇年までに実現させるという当初の計画は見直され、二〇二〇年まで延長した制度設計が議論されているが、二〇一一年現在、欧州四六ヵ国が参加している。その背景には北米やアジアの高等教育機関との競争力を確保する狙いもある。

同様に、二〇〇八年には、欧州二五ヵ国の文化機関が集う欧州連合加盟国文化機関ユーニック（EUNIC）が設立されている。これは関係機関同士の協力体制を築き、文化施設の共有やプログラムの共催などを通して、運営コストを削減しようとするもので、例えば、ゲーテ・インスティトゥートの場合、ラマラ（パレスチナ）やグラスゴー（イギリス）ではフランス学院と、キエフ（ウクライナ）やリューブリアナ（スロヴェニア）ではブリティッシュ・カウンシルと、ストックホルム（スウェーデン）ではスペインのセルバンテス協会と、それぞれ連携を密にしている。同じことはイタリアのダンテ・アリギエーリ協会やポルトガルのカモンイス協会など他国の文化機関についてもいえる。

東アジア、環太平洋という可能性

日本のパブリック・ディプロマシーも「東アジア」や「環太平洋」といった地域的な枠組

みで連携できること、むしろそうすることで信頼性を高めることができる局面もあるだろう。政治的・経済的・文化的な価値を広く共有し、安全保障上の利害対立も少ないヨーロッパと、依然として地政学的な不協和音や不安材料が残る「東アジア」や「環太平洋」を同列に論じることはできないが、逆に、そうした状況があるからこそ、まずは協力できる部分から協力し始める必要があるともいえる。

例えば、中国の場合、二〇〇〇年代半ばまでは外国政府の文化機関による直接的な活動を認めていなかった。そのため各国は、アメリカやイギリスのように大使館や領事館のなかに関連セクションを設けるか、あるいはドイツやフランスのように中国の大学のなかに事務所を設けるか（この場合、正式には中国教育部の所属となり、幹部スタッフの一部は同部から派遣される）のいずれかだったが、近年、変化が見られるようになった。

二〇〇八年に胡錦濤国家主席が訪日した際には、日中両国がそれぞれ相手国に文化センターを設置することを定めた協定が両国政府間で署名され、同年、国際交流基金の「北京日本文化中心（センター）」が北京に、翌年には東京中国文化センターが東京に設立された。中国国内でも、徐々にではあるが、多様な意見や立場が表明されるようになってきている。

ちなみに、北京には中国における日本研究や日本語教育の拠点「北京日本学研究センター」も存在している。同センターは、一九七九年の大平正芳首相（当時）と華国鋒主席（当時）の合意に基づいて設立された「日本語研修センター（通称「大平学校」、一九八〇年設立）」を受け継ぎ、国際交流基金および中国教育部双方の協議により一九八五年に開設された。大学院の機能を備えており、現在は北京外国語大学及び北京大学の二ヵ所で活動を行っ

東京中国文化センター（上）と韓国文化院　前者は2009年に東京・虎ノ門にオープン．後者は1979年に開設され，2009年に東京・四谷の国際交流基金の本部の隣に移転し，規模を拡大し再オープンした

ている。これまでに一五〇〇人（うち六〇〇人が大平学校）以上の卒業生を輩出しており、大学教授や研究者、文筆家、マスコミ関係など各方面で活躍している。

もともとは中国の「四つの近代化」に貢献するために行われた対中支援の一環として位置づけられてきたが、この三〇年間に日中関係が大きく変容するなか、むしろ対等のパートナーとして、日中間の課題や世界的な共通課題の解決に取り組む連携拠点という位置づけに変化しつつある。それゆえ中国側にも応分の負担をしてもらおうという考えが高まっているが、孔子学院が日本で積極的に展開されるなか、日本側からの働きかけが弱まることを懸念する向きもある。

「東アジア」では戦争責任や歴史認識をめぐる問題が重い影を落としている。近年、日中歴史共同研究（二〇〇六～〇九年）や日韓歴史共同研究（二〇〇二～一〇年）など大きな進展が見られるが、いっそのこと、当事国のみならず、第三国の有識者にも開かれた国際的な研究プロジェクトへと発展させ、彼らに自由に研究してもらい、その成果を英語で国際的に開示してゆくのも一案だろう。あまりに偏向した歴史解釈は次第に淘汰されていくだろうし、日本のメタ・ソフト・パワーを示す機会にもなり得るはずだ。

グローバル・シビリアン・パワー

ジョセフ・ナイが強調するように、ソフト・パワーは必ずしもハード・パワーに依存するわけではない。カナダやノルウェーは、一般的には大国とは見なされていないが、独特のスタイルでソフト・パワーを高めている。カナダはPKO活動、対人地雷の廃絶、政府開発援助など、国際益ないし国際公共性に関わる活動に積極的に取り組むことで、自国の道義性や存在力を示している。ノルウェーに至っては、人口五〇〇万人にも満たず、世界的な言語や産業も持たず、国際放送局も有せず、EU加盟国ですらないが、政府開発援助（先進国の長期目標である国民総所得＝GNI比一％をすでに達成）、オスロ合意に代表される和平仲介やPKO活動、ノーベル平和賞の授与など、「自由」や「民主主義」を声高に叫ぶ代わりに、自らの「価値外交」を実践することで、国際社会で一目置かれる存在になっている。

もっとも、カナダもノルウェーも地政学的な要衝とはいえず、周辺国と安全保障上の利害対立も少なく、資源的にも恵まれている。加えて、カナダは隣国アメリカと、ノルウェーは周辺の欧州諸国とそれぞれ政治的・経済的・文化的な価値を共有しており、どちらも北大西洋条約機構（NATO）の加盟国である。政府開発援助に伴う財政負担やPKO派遣に伴う自国兵士の犠牲の危険性に対する理解も深く、市民社会（CSO）も成熟している。第I章で紹介したオタワ・プロセスやオスロ・プロセスの成功は、そうしたCSOとの協働を背景にしたものだった。カナダやノルウェーの状況をそのまま日本に投影することは難しそうだが、グローバル・シビリアン・パワーという方向性そのものは十分共有し得るだろう。

日本の場合、アメリカとの同盟関係が唯一の安全保障上の後ろ盾だが、核軍縮・不拡散やテロ対策に加えて、災害支援、平和構築、貧困国支援、保健衛生、環境、エネルギー、金融など、(広義の) 安全保障に関わる問題群——そして、それらはまた、シビリアン・パワーに関わる問題群でもある——も増えており、日米間における「同盟」概念のバージョン・アップが急務となっている。現在、日本国内にはアメリカン・センターが札幌、東京、名古屋、関西、福岡に置かれているが、欧米の主要先進国が中東やアフリカ、中央・南アジア、新興アジア諸国へとリソース移転を加速するなか、同じ先進国内に五つものアメリカン・センターを設置しているのは異例であり、アメリカが日本を重視していることの証左といえる。グローバル・シビリアン・パワーを目指すべく、パブリック・ディプロマシーの分野においても、アメリカとさらに連携を深めてゆく余地はありそうだ。

ちなみに、国連安全保障理事会の常任理事国入りを狙うインドは、アメリカの国務省をモデルにしたパブリック・ディプロマシー専門の部局を二〇〇六年に外務省内に設立している。かつては「驚きのインド (Incredible India)」を前面に掲げていたが、近年は国際社会のなかで「信用できるインド (Credible India)」を志向している。「特殊性から普遍性へ」というパラダイム・シフトはインドのパブリック・ディプロマシーにおいても鮮明になりつつあるようである。

トルコは二〇〇八年にパブリック・ディプロマシー庁（PDA）を設立したが、部局の一つはEU加盟を専門的に扱っている。東日本大震災の際、インドやトルコの救援隊は長期にわたって被災地で活動した。日本政府による開発援助や過去の災害支援への〝恩返し〟を強調するとともに、伸び続ける経済力を背景に経費をすべて自国で賄うなど、そのシビリアン・パワーを他国に示す機会となった。インドにとっては初の海外救援隊派遣だった。

4　美人コンテストを超えて

パブリック・ディプロマシーはあくまで政策目標を達成するために行われるもので、それ自体が目的ではない。政策目標なくしてパブリック・ディプロマシーも存在し得ない。中国抜きの世界がもはや考えられなくなった今日、中国を国際社会との協調へどう導くのか。かつての「資本主義対共産主義」から「民主主義対専制主義」へと変化しつつある国際政治の構図のなかで、責任とリスクをどう負うのか。こうしたグランド・デザインから演繹される政策目標が何よりもまず求められていることはいうまでもない。しかし、かつてイギリスのイーデン外相が述べたように、「最高の外交政策でも、その解釈を示し、人びとを説得する任務〔中略〕を無視していれば、失敗に終わるといっても言い過ぎではない」。

日本のパブリック・ディプロマシーはスケールが小さく、制度的にも多くの課題を抱えているが、決して惨憺たる状況というわけではない。パブリック・ディプロマシーの専門家ニコラス・カルが指摘するように、交流外交には積極的で、JETプログラムのように国際的に注目されている事業もある。

しかし、総じて、「国際文化交流政策」という非常に大きな括りのなかで、「世界の文化の発展に貢献」や「日本の社会の国際化」といった文化国際主義的な発想と混在してしまい、具体的な外交目標とのリンケージが曖昧にされてきた感は拭えない。

それゆえ、例えば「好感度を高める」「日本の国家ブランドを確立する」といった漠然とした目的が先行してしまい、そもそも何のために——つまりいかなる政策目標を達成するために——好感度なりブランドを高めるのか、そして、どの地域のどの分野のどの層に働きかけるのかといった戦略的なフォーカスが不明瞭な場合が多い。国連改革から領土問題、歴史認識問題、環境・エネルギー問題、金融・通商問題、捕鯨問題に至るまで、国際世論の「心と精神を勝ち取る」ことが求められている政策課題は山積しているのに、である。

その結果、例えば、「日本の国家ブランドを確立する」にしても、既視感のある、かつての「日本文化論」の焼き直しに近い議論が繰り返されることになる。曰く、「外来文化を融合しながら独自の文化を発展させている」「自然との調和や共生を重んじている」「現代と伝統を融合している」と。しかし、こうした特質は多かれ少なかれどの社会にも認められるものであるし、逆に、こうした特質と正反対を指し示すような事実や現象も少なくない（「海や山を汚し続けてきたのが日本の伝統だ」と批判することも可能だ）。

加えて、地域差、階層差、男女差、世代差といった点を考慮すると、そもそもある特質を「日本」という大きな（＝ナショナルな）カテゴリーで括るのが妥当か疑わしいケースも多い。「日本らしさ」そのものを否定する必要はないが、それはあくまで相対的なもの——つまり、比較の対象やレベル、目的によって変わり得るもの——であって、すべてを包み込むような本質的・原初的特質はいまだ見出されていない。

厳密に考えれば考えるほど、「日本らしさ」は「事実」というよりも、「想像」や「願望」に関わるものであることに気づく。文化人類学の分野では国民性（national character）論の類が淘汰されて久しいが、いまさら「日本人論」や「日本文化論」を発信する時代でもなかろう。受け手の失笑を買うことなく「クール」でありたいなら尚更だ。

その意味で、ゲーテ・インスティトゥートが「ドイツから文化を発信すること（presenting

culture from Germany)」と「ドイツ文化を発信すること（presenting German culture)」を明確に区別し、より文化的多様性に開かれた前者の立場を活動指針としている点は示唆深い。国家ブランドを論じるのであれば、あくまで第Ⅱ章で紹介したスイスのブランド委員会のように、政策目標や働きかける対象が戦略的に十分限定されていることが肝要だろう。

パブリック・ディプロマシーは「美人コンテスト」ではない。好感度やブランドばかり気にするのでは、世論調査の浮き沈みのみを杞憂する政治家と何ら変わるところがない。むしろ、必要とあれば「美人」の概念そのものを変えてゆくこと、そして、そのために人びとの「心と精神を勝ち取る」こと。それがパブリック・ディプロマシーの要諦に他ならない。

現状規定や課題（アジェンダ）設定、規範（ルール）形成をめぐるグローバルな競合はますます激しさを増している。日本にとって他国との関係構築や国際社会との関わりが死活的に重要であり、文字通り「生命線」である。政治や経済の低迷が続き、東日本大震災による国力の喪失が追い打ちをかけるなか、こうした世界の現実とどう向き合い、パブリック・ディプロマシーをめぐる思想と実践を確立してゆけるか。本書がそのための一助となれば幸いである。

おわりに

アメリカのコミュニティでフィールドワークを重ねてきた文化人類学徒がパブリック・ディプロマシー（文化・広報外交）について論じることは意外に映るかもしれない。しかし、コミュニティ研究を通して考えてきたことは、つまるところ、「文化の政治学」――すなわち「文化」と「政治」の関係性――に他ならない。今回、扱う対象が「文化」と「外交」の関係性へと移り変わり、フィールドワーク（参与観察）という文化人類学の伝統的手法が援用しにくいフィールドを渉猟することになったが、私自身としてはあくまで同じ問いを追い求めている気がしている。

当然のことながら、文化人類学という分野は「文化」という言葉に非常に敏感で、誰が、誰に対して、いかなる意図をもって、何を、いつどのように「文化」と定義し、用いるか（あるいは受け止めるか）注視している。アメリカの文化人類学者クリフォード・ギアツが「私たちは世界のバランスを崩そうとしてきました。かなりうまくいってきたように思います。絨毯を引っ張り、お茶のテーブルをひっくり返し、爆竹を鳴らしてきました。確信を持てるようにするのが他の人たちの仕事、確信を持てなくするのが私たちの仕事です」と述べたとき、彼は正しかったし、その重要性はいまでも変わらない。

このような学問的性向ゆえ、対象がこと（広義の）「文化政策」となると、大いなる好奇心とともに警戒心も駆り立てられ、とりわけ「知」と「権力」の関係に対して想像力を働かせがちになる。このことは何も政府が行う文化政策に限った話ではなく、国際機関や企業、自治体、市民組織、宗教組織、大学といったアクターが行う営為についても然りである。

その一方、元来、文化人類学がミクロレベルの研究に特化しがちなのに対し、「外交」というフィールドでは、まさに世界的な規模で——ときに文化人類学という学問領域そのものを深く巻き込みながら——パブリック・ディプロマシーという文化的営為が繰り広げられている。こうしたマクロレベルにおける文化的展開の現実をどう理解すべきか。それは従来の文化人類学が必ずしも正面から扱ってこなかった問いであり、私自身、海外留学を終え、日本の大学で教鞭を取り始めた一九九〇年末から意識するようになった問いだった。

一九九〇年代以降、文化人類学の分野では、文化やアイデンティティを固有普遍のものと捉える原初主義（primordialism）や本質主義（essentialism）に代わって、より政治的で可変的なものと捉える道具主義（instrumentalism）や構築主義（constructionism）が主流となっていった。それとほぼ軌を一にするように、国際政治学の分野では、個々のアクターの認識が国際関係のダイナミクスを支えるという見地から、社会学的な力学やアイデンティティといった側面に注目する構成主義（constructivism）が隆盛を示すようになった。もちろん、両者が語られる学問的背景や理論的文脈は異なるが、私には文化政策論と国際関係論、あるいは文化と外交をつなぐ視座がそこにある気がした。ソフト・パワーという概念に興味を持つようになったのもこうした経緯による。

とりわけ、二〇〇一年九月一一日の同時多発テロは、私が二〇代の大半を過ごしたアメリカが標的だったこともあって、個人的な動揺も大きかった。何よりも日本国内の反米・嫌米感情など吹き飛ばすかのような、遥かにスケールの大きな反米主義の表出に衝撃を受けた。世界各地の反米主義への対抗策としてアメリカが打ち出したパブリック・ディプロマシーに関心を抱くようになり、日米友好基金や安倍フェローシップ、サントリー文化財団などからの助成のもと調査・研究をすすめ、二〇〇八年に『アメリカン・センター――アメリカの国際文化戦略』（岩波書店）として上梓した。「日本」という場でアメリカ研究を行う一人として、アメリカのパブリック・ディプロマシーに対してナイーブでいるわけにはいかない。まさにその影響下にあるかもしれない、自分自身の認識を相対化するためにも、この研究は避けては通れないものとなった。同年には、日米両国の研究者や実務家による二年間のワークショップ（国際交流基金日米センターならびに米国社会科学研究評議会）の成果を共編著 *Soft Power Superpowers : Cultural and National Assets of Japan and the United States* (M. E. Sharpe, Inc.) にまとめた。

その間、ワシントン、北京、台北、ソウル、シンガポール、バンコク、クアラルンプール、ロンドン、パリ、ベルリン、マドリード、イスタンブールなど多くの都市を訪れ、関係機関や専門家へのヒアリングを重ねた。さまざまな制約があるため、本書では、すでに公に記されてあること以外、原則、実名を用いての直接引用は控えてある。しかし、彼らの見解や表情は、本書における記述の方向性やトーンの濃淡のなかに、間接的に反映されているはずである。協力いただいた方々の顔を思い浮かべると大袈裟なことは言えなくなる──それこそ、まさに「最後の三フィート」の妙なのであろう──が、本書では批判的見解もあえてオープンにさせていただいた。

今回、本書をまとめようと思ったのは、奉職する慶應義塾大学で文化政策論の講義を担当して一〇年という節目を迎えたこともあるが、より直接的には、日本の民主党政権下で行われた「事業仕分け」に触発された部分が大きい。「事業仕分け」そのものが意義深い試みであった点に異論はないが、文化・外交関連の事業をめぐる議論については違和感を感じる点が少なからずあった。為政者には為政者の理屈と思惑があるのだろう。しかし、クリントン政権時代に米国広報・文化交流庁（USIA）が、パブリック・ディプロマシーのあり方をめぐる本質的な議論をおよそ欠いたまま、政治的な取引や世論へ迎合する材料として国務省に整理統合された経緯を知るだけに強い危機感を覚えた。本書執筆中に東日本大震災が発生し、日本の対外広報の課題を改めて認識したことは言うまでもない。

国際文化交流や文化外交については、歴史研究を中心に、緻密な事例研究が豊富に存在するが、本書に関しては、むしろ私自身のこうした喫緊の問題意識をもとに、これまでの著作や論考からの引用も織り交ぜながら議論を組み立てた。当然のことながら、本書で取り上げた論点や視点がすべてであるはずはなく、異論や反論も大いにあり得るだろうが、何よりもまず「文化」と「外交」の関係性について、一部の研究者や実務家のみならず、より広い国民的な関心と熟議を喚起する触媒となれば幸いである。「新書」という形態にこだわったのも、ひとえにそうした理由による。とくに次世代を担う若い方々からの反応に期待したい。

本書をまとめるにあたっては、内閣府、文部科学省、外務省、国際交流基金、国際協力機構、国立国会図書館、国際文化会館など多くの関係機関の方々、そして国内外のさまざまなセミナーや学会、審議会で出会った数多くの方からの有益な助言をいただいた。とりわけ、筆者がパブリック・ディプロマシーに興味を抱くきっかけを与えてくださり、折に触れ調査・研究を後押ししてくださった青木保氏（元・文化庁長官、青山学院大学特任教授）とジョセフ・ナイ氏（ハーバード大学特別功労教授）のお二人には深く感謝申し上げたい。また、小倉和夫氏（前・国際交流基金理事長）、近藤誠一氏（文化庁長官）、平野健一郎氏（東京大学名誉教授）とはさまざまな機会にご一緒させていただき、そのたびに大いなる啓発を受けた。この場をお借りして御礼申し上げたい。

本書の編集を担当してくださったのは白戸直人氏である。実は、五年以上前から進めていた別の企画があったのだが、時宜を鑑み、本書の刊行を優先していただいた。その懐の広さからフィードバックの鋭さ、編集の手際の良さに至るまで、まさに心と精神を勝ち取られるかのごとく、最後まで気持ちよく仕事をさせていただいた。素晴らしい同僚、学生、そして白戸氏のような優れた編集者に恵まれてきた幸運に感謝したい。

これからも「文化」というフィールドにこだわりながら、「人間」という未だ開かれざる存在について考え続けてゆきたい。

二〇一一年夏

奥州平泉にて

渡辺　靖

主要図版出典一覧（順不同）

Aflo	p129
AP/Aflo	p47（下），p57，p83
Returs/Aflo	p98，p109，p154
Everett Collection/aflo	p41
Photoshot/Aflo	p66
AFP	p81，p110
Andrew Meares/Getty Images	p105
Time & Life Pictures/Getty Images	p77
共同通信	p103
時事	p87
時事＝AFP	p14
産経新聞社	p93
国立国会図書館	p47（上），p163
©国際交流基金	p177
㈶国際文化会館	p118，p131
アメリカ大使館	p51

Susan Lumenello, "The Ambivalent Americanist," *Colloquy*, Harvard University, 2008年冬号
坂井孝之「福岡，戦後，アメリカン・センター」『福岡アメリカン・センター40年』，発売　海鳥社，1993年
Richard Armitage and Joseph Nye, *CSIS Commission on Smart Power*, Center for Strategic and International Studies, 2007年
Melvin L. DeFleur and Margaret H. DeFleur, *Learning to Hate Americans*, Marquette Books, 2003年
Steven Lukes, *Power*, Palgrave Macmillan, 2005年
Hans Tuch, *Communicating with the World*, St. Martin's Press, 1990年
松村正義『日露戦争と日本在外公館の"外国新聞操縦"』，成文社，2010年
金子将史「日本のパブリック・ディプロマシー」『パブリック・ディプロマシー』金子将史・北野充編，2007年
青木保『「日本文化論」の変容』，中央公論社，1990年

●本書に関する主な拙著や拙論は次のようなものがある.

『アメリカン・センター――アメリカの国際文化戦略』(岩波書店，2008年)
Soft Power Superpowers: Cultural and National Assets of Japan and the United States (with David L. McConnell, eds.), M.E. Sharpe, Inc., 2008年
「ソフト・パワー論再訪」『遠近』(2006年10・11月号)
「日本らしさとは何か　アイデンティティと文化外交」『外交フォーラム』(2009年7月号)
「クール・ジャパンの繁栄と不安」『アステイオン』(2011年74号)
「『自省力』という国力」(『朝日新聞』2006年4月24日付)
「米『広報外交』の光と影」(『朝日新聞』2006年6月12日付)
「『価値の共有』は可能か」(『朝日新聞』2006年8月21日付)
「全米日系人博物館　日本との絆　真摯な想い」(『読売新聞』2007年2月25日付)
「軍政下のミャンマー　民主主義へ誘う欧米文化外交」(『読売新聞』2007年10月31日付)
「広義の文化政策　不可欠な軸」(『読売新聞』2009年9月25日付)
「もう一つの『クール・ジャパン』」(『産経新聞』2011年7月12日付)

主要参考文献

Niall Ferguson, "Complexity and Collapse," *Foreign Affairs*, Council on Foreign Relations, 2010年3・4月号
Nicholas Cull, "Public Diplomacy," in *The Annals of the American Academy of Political and Social Science*, Sage, 2008年3月号
Mark Haefele, "John F. Kennedy, USIA, and, World Public Opinion," *Diplomatic History*, Wiley, 2001年冬号
近藤健「フルブライト計画」『日本とアメリカ』細谷千博監修，ジャパンタイムズ，2001年
Douglas McGray, "Japan's Gross National Cool," *Foreign Policy*, Council on Foreign Relations, 2002年5・6月号
サイモン・アンホルト「日本は『二つの難問』を解決できるか」『外交』Vol. 3，時事通信出版局，2010年
Michael Bustamante and Julia Sweig, "Buena Vista Solidarity and the Axis of Aid," in *The Annals of the American Academy of Political and Social Science*, Sage, 2008年3月号
国際交流基金，シンポジウム報告書『平和のための文化イニシャティブの役割』，国際交流基金，2009年
J. William Fulbright (with Seth P. Tillman), *The Price of Empire*, Pantheon, 1989年
カント『永遠平和のために』(1795年)，宇都宮芳明訳，岩波書店，1985年
Anne Allison, *Millennial Monsters*, University of California Press, 2006年
マーガレット・ミード『人類学者ルース・ベネディクト』，松園万亀雄訳，社会思想社，1977年
Irving Horowitz, ed., *The Rise and Fall of Project Camelot*, The M.I.T. Press, 1967年
クロード・レヴィ＝ストロース『人種と歴史』(1952年)，荒川幾男訳，みすず書房，2008年
クリフォード・ギアツ『解釈人類学と反＝反相対主義』，小泉潤二編訳，みすず書房，2002年
根木昭『文化政策学入門』水曜社，2010年
入江昭『権力政治を超えて』篠原初枝訳，岩波書店，1998年
E・H・カー『危機の二十年』(1939年)，井上茂訳，岩波書店，1996年
Kenneth Waltz, *Theory of International Politics*, McGraw-Hill, 1979年
阿川尚之『マサチューセッツ通り2520番地』講談社，2006年
マイケル・ユー「中国の対米パブリック・ディプロマシー」，金子将史・北野充編『パブリック・ディプロマシー』，ＰＨＰ研究所，2007年
Richard Arndt, *The First Resort of Kings*, Potomac Books, 2005年
重乃皓「米国政府の日本における広報文化活動について」『京都外国語大学COSMICA』，京都外国語大学，1985年

主要参考文献

本書で用いた主な参考文献について，その内容に言及した順序に即しながら，記しておく．

Jonathan P. Spence, *The Memory Palace of Matteo Ricci*, Viking Adult, 1984年

Bernard Bailyn, *The Ideological Origins of the American Revolution*, Harvard University Press, 1967年

Oren Stephens, *Facts to a Candid World*, Stanford University Press, 1955年

Wilson Dizard, *The Strategy of Truth*, Public Affairs Press, 1961年

Daniel Headrick, *The Invisible Weapon*, Oxford University Press, 1991年

Bertrand Russell, "These Eventful Years," *Encyclopedia Britannica*, Encyclopedia Britannica, Inc., 1924年

George Creel, *How We Advertised America*, Macmillan, 1920年

Fitzhugh Green, *American Propaganda Abroad*, Hippocrene Books, 1988年

ハロルド・ニコルソン『外交』(1939年)，斎藤眞・深谷満雄訳，東京大学出版会，1968年

アレクシ・ド・トクヴィル『アメリカのデモクラシー』(1835年)，松本礼二訳，岩波書店，2005年

Reinhold Wagnleitner, *Coca-Colonization and the Cold War*, University of North Carolina Press, 1994年

Akira Iriye, *China and Japan in the Global Setting*, Harvard University Press, 1992年

川上繁治「長崎 CIE 図書館」『CIE 図書館を回顧して』，回顧録編集委員会編集，2003年

中川正人「仙台 CIE 図書館と仙台アメリカ文化センター」『市史せんだい』Vol. 13, 仙台市，2003年 8 月号

猿谷要『アメリカよ、美しく年をとれ』，岩波書店, 2006年

五百籏頭真「占領——日米が再び出会った場」『日米の昭和』〈山崎正和・高坂正堯監修，アステイオン編集部編集〉，阪急コミュニケーションズ，1990年 3 月

Frank Ninkovich, *U. S. Information Policy and Cultural Diplomacy*, Foreign Policy Association, 1996年

ジョセフ・ナイ『ソフト・パワー』，山岡洋一訳，日本経済新聞社，2004年

渡辺 靖（わたなべ・やすし）

1967（昭和42）年生まれ．97年ハーバード大学大学院博士課程修了（Ph.D.社会人類学）．オクスフォード大学シニア・アソシエート，ケンブリッジ大学フェローなどを経て，99年より慶應義塾大学ＳＦＣ助教授，2005年より教授．専門はアメリカ研究，文化政策論．2004年度日本学士院学術奨励賞受賞

著書『アフター・アメリカ』（慶應義塾大学出版会，2004年／サントリー学芸賞，アメリカ学会清水博賞受賞）
『アメリカン・コミュニティ』（新潮社，2007年）
『アメリカン・センター』（岩波書店，2008年）
『アメリカン・デモクラシーの逆説』（岩波新書，2010年）
The American Family（University of Michigan Press & Pluto Press, 2005年）など．

編著 *Soft Power Superpowers*（M. E. Sharpe, Inc., 2008年），『現代アメリカ』（有斐閣，2010年）など．

文化《ぶんか》と外交《がいこう》
中公新書 *2133*

2011年10月25日発行

著　者　渡辺　靖
発行者　小林敬和

本文印刷　三晃印刷
カバー印刷　大熊整美堂
製　本　小泉製本

発行所　中央公論新社
〒104-8320
東京都中央区京橋 2-8-7
電話　販売 03-3563-1431
　　　編集 03-3563-3668
URL http://www.chuko.co.jp/

Published by CHUOKORON-SHINSHA, INC.
Printed in Japan　ISBN978-4-12-102133-5 C1231

中公新書刊行のことば

いまからちょうど五世紀まえ、グーテンベルクが近代印刷術を発明したとき、書物の大量生産は潜在的可能性を獲得し、いまからちょうど一世紀まえ、世界のおもな文明国で義務教育制度が採用されたとき、書物の大量需要の潜在性が形成された。この二つの潜在性がはげしく現実化したのが現代である。

いまや、書物によって視野を拡大し、変りゆく世界に豊かに対応しようとする強い要求を私たちは抑えることができない。この要求にこたえる義務を、今日の書物は背負っている。だが、その義務は、たんに専門的知識の通俗化をはかることによって果たされるものでもなく、通俗的好奇心にうったえて、いたずらに発行部数の巨大さを誇ることによって果たされるものでもない。現代を真摯に生きようとする読者に、真に知るに価いする知識だけを選びだして提供すること、これが中公新書の最大の目標である。

私たちは、知識として錯覚しているものによってしばしば動かされ、裏切られる。私たちは、作為によってあたえられた知識のうえに生きることがあまりに多く、ゆるぎない事実を通して思索することがあまりにすくない。中公新書が、その一貫した特色として自らに課すものは、この事実のみの持つ無条件の説得力を発揮させることである。現代にあらたな意味を投げかけるべく待機している過去の歴史的事実もまた、中公新書によって数多く発掘されるであろう。

中公新書は、現代を自らの眼で見つめようとする、逞しい知的な読者の活力となることを欲している。

一九六二年一一月

中公新書

世界史

e2

- 2050 新・現代歴史学の名著　樺山紘一編著
- 1045 物語 イタリアの歴史　藤沢道郎
- 1771 物語 イタリアの歴史 II　藤沢道郎
- 1100 皇帝たちの都ローマ　青柳正規
- 1635 物語 スペインの歴史　岩根圀和
- 1750 物語 スペインの歴史 人物篇　岩根圀和
- 1564 物語 カタルーニャの歴史　田澤耕
- 138 ジャンヌ・ダルク　村松剛
- 1963 物語 フランス革命　安達正勝
- 2027 物語 ストラスブールの歴史　内田日出海
- 1383 イギリス・ルネサンスの女たち　石井美樹子
- 1916 ヴィクトリア女王　君塚直隆
- 1801 物語 大英博物館　出口保夫
- 1215 物語 アイルランドの歴史　波多野裕造
- 1546 物語 スイスの歴史　森田安一
- 1420 物語 ドイツの歴史　阿部謹也
- 1838 物語 チェコの歴史　薩摩秀登
- 1131 物語 北欧の歴史　武田龍夫
- 1758 物語 バルト三国の歴史　志摩園子
- 1655 物語 ウクライナの歴史　黒川祐次
- 1474 バルチック艦隊　大江志乃夫
- 1042 物語 アメリカの歴史　猿谷要
- 1437 物語 ラテン・アメリカの歴史　増田義郎
- 1935 物語 メキシコの歴史　大垣貴志郎
- 1964 黄金郷《エルドラド》伝説　山田篤美
- 1547 物語 オーストラリアの歴史　竹田いさみ
- 1644 ハワイの歴史と文化　矢口祐人
- 518 刑吏の社会史　阿部謹也

中公新書

現代史

1980 ヴェルサイユ条約 牧野雅彦
2055 国際連盟 篠原初枝
27 ワイマル共和国 林 健太郎
154 ナチズム 村瀬興雄
478 アドルフ・ヒトラー 村瀬興雄
1943 ホロコースト 芝 健介
1572 ヒトラー・ユーゲント 平井 正
1688 ユダヤ・エリート 鈴木輝二
530 チャーチル（増補版） 河合秀和
1415 フランス現代史 渡邊啓貴
652 中国―歴史・社会・国際関係 中嶋嶺雄
2034 感染症の中国史 飯島 渉
1544 漢奸裁判 劉 傑
1487 中国現代史 小島朋之
1959 韓国現代史 木村 幹

1650 韓国大統領列伝 池 東旭
1762 韓国の軍隊 尹 載善
1763 アジア冷戦史 下斗米伸夫
1582 アジア政治を見る眼 岩崎育夫
1876 インドネシア 水本達也
1596 ベトナム戦争 松岡 完
1705 ベトナム症候群 松岡 完
1429 インド現代史 賀来弓月
941 イスラエルとパレスチナ 立山良司
2112 パレスチナ―聖地の紛争 船津 靖
1612 イスラム過激原理主義 藤原和彦
1664 1665 アメリカの20世紀（上下） 有賀夏紀
1937 アメリカの世界戦略 菅 英輝
1272 アメリカ海兵隊 野中郁次郎
1992 マッカーサー 増田 弘
1920 ケネディ―「神話」と実像 土田 宏
1863 性と暴力のアメリカ 鈴木 透

2000 戦後世界経済史 猪木武徳

中公新書

政治・法律

2133 文化と外交　渡辺　靖